资助项目：
北方工业大学优势学科项目(XN047)
北方工业大学科研启动基金项目（项目号：110051360002 ）

品牌定量分析理论与品牌诊断技术研究

Research on Brand Quantitative Analysis Theory and Brand Diagnosis Technology

周云 ◎ 著

"世界上任何一门学科如果没有发展到能与数学紧密联系在一起的程度，那就说明该学科还未发展成熟。"
（马克思语）

本书推开了品牌管理科学的大门。

经济管理出版社
ECONOMY & MANAGEMENT PUBLISHING HOUSE

图书在版编目（CIP）数据

品牌定量分析理论与品牌诊断技术研究/周云著.—北京：经济管理出版社，2019.7

ISBN 978 - 7 - 5096 - 6585 - 5

Ⅰ.①品⋯　Ⅱ.①周⋯　Ⅲ.①品牌—企业管理—研究　Ⅳ.①F273.2

中国版本图书馆 CIP 数据核字（2019）第 089284 号

组稿编辑：曹　靖
责任编辑：曹　靖　王　洋
责任印制：黄章平
责任校对：陈晓霞

出版发行：经济管理出版社
　　　　　（北京市海淀区北蜂窝 8 号中雅大厦 A 座 11 层　100038）
网　　　址：www. E - mp. com. cn
电　　　话：（010）51915602
印　　　刷：三河市延风印装有限公司
经　　　销：新华书店
开　　　本：720mm×1000mm/16
印　　　张：15.75
字　　　数：235 千字
版　　　次：2019 年 7 月第 1 版　　2019 年 7 月第 1 次印刷
书　　　号：ISBN 978 - 7 - 5096 - 6585 - 5
定　　　价：58.00 元

序

　　品牌是当今社会各界关注最热门的话题之一。不论是经济，还是政治、文化、科技、教育、体育等领域；不论是农业、制造业，还是服务业；不论是国家，还是个人；不论是线上还是线下，都非常重视品牌建设。这种趋势，不是一种偶然现象，而是历史发展的必然选择。究其原因，固然很多，但归根结底主要在于人们认识到品牌资产具有任何有形资产和其他无形资产不可替代的力量。随着信息技术和网络技术的不断进步，以及全球化浪潮的推进和网红经济的发展，品牌的力量将会进一步显现出来。

　　然而到目前为止，对品牌的定义却一直没有一个统一权威的解释，而是众说纷纭。相应地，对品牌的基本功能、延伸功能、品牌的作用、品牌的价值和品牌的本质等的理解也是各有不同。

　　自 20 世纪 80 年代中期以来，随着品牌力的不断增强，尤其是品牌附加值的日益提高，如何反映和测量品牌这种无形资产的影响和价值，就诞生品牌资产这个概念，也产生了对其不同的解读。

　　在人们对品牌与品牌资产进行不同解读的过程中，学术理论界有一种倾向，将品牌评价、品牌资产评价、品牌价值评价三个事物混为一谈。这个问题不理解清楚，很容易误导企业、误导社会。品牌创建与管理的直接目的是积累品牌资产，没有品牌资产，就没有品牌价值。因此，实际上对品牌的评价，不仅对品牌自身的内涵、品牌的基本要素、品牌运营与管理进行评价，主要对品牌资产进行评价。就像对一个人的评价，不仅是对他的自身素质进行评价，还要对他的行为表现和行为结果进行评价。

对品牌资产进行评价，目前理论界主要从消费者层面、市场竞争层面和财务价值的层面对其进行评价。从全球范围内来看，对品牌资产进行评价，产生了一些著名的评价模型和评价工具。

周云老师在前人研究的基础上，主要从消费者层面对品牌资产进行了分析和评价。在消费者层面理解品牌资产的过程中，他主要选取了品牌知名度、品牌认知度、品牌联想度、品牌美誉度和品牌忠诚度五个维度指标。与前人不同的是，他基于品牌信息本论，从品牌信息量的角度，对这五个维度进行了详细科学的论证，得出了与众不同的评价方法，给人耳目一新的感觉，大大地扩展了品牌资产评价的视野，并且通过多方面的实践，对企业品牌建设具有重要的指导意义，可喜可贺。

品牌资产的评价是一个世界性的难题，到目前为止，还没有一个最权威、最全面的评价方法，理论界还需要不懈努力。

祝合良

2019 年 5 月

学者推荐

周云博士所著的《品牌定量分析理论与品牌诊断技术研究》一书的出版标志着品牌从一个"品牌信息本体论"提供的基础领域，延展为以"品牌定量分析理论"为代表的应用理论创新，直至开发出"品牌定量诊断技术"应用工具的理论发展全过程的完成。

品牌定量分析理论及诊断技术的发掘克服了国家实施品牌发展计划的关键瓶颈问题，涉猎了目前品牌学界研究的最前沿的问题。《品牌定量分析理论与品牌诊断技术研究》一书为中国企业解决品牌评价问题以及品牌定量化管理问题的解决提供了理论依据；为中国企业进行品牌择优、排序提供了切实可行的方法论；为中国企业进行品牌系统评估和决策提供了参考数据。

对外经济贸易大学

朱明侠　教授

周云先生的最新专著《品牌定量分析理论与品牌诊断技术研究》用科学与理性的态度，对品牌资产进行抽丝剥茧的深入分析，必将为企业创建品牌提供极有价值的指导，并在品牌理论创新方面迈出了坚实的一步！

中国质量协会首席品牌顾问

林　海

品牌定量分析既是一个企业走向伟大的必备周期性工作，又是品牌从业者艳羡探求的技能，周云博士的研究为品牌理论家族增添了卓越的一员。

商务部品牌专家

顾环宇

　　随着我国居民消费升级和零售业 4.0 时代（即智慧零售时代）的到来，品牌的重要性日益凸显。如何精确判断一个品牌的发展状况，并采取有效的措施？如何数字化经营一个品牌？如何精确评估一个品牌的质量？如何对一个品牌进行比较精准的估值？这些都是品牌商、投资商高度关注的问题。

　　周云先生专注于品牌理论研究和经营管理实践，创造性地提出了品牌定量分析理论和方法，并在实践中予以验证，其每年发布的《中国连锁品牌质量报告》及质量排行榜得到了品牌连锁企业界的广泛认同，知名品牌企业八马茶叶、百果园、面点王餐饮、嘉华婚爱珠宝等，都对该报告称赞有加。

　　我相信，随着该理论和方法日益广泛的应用，以及我国国际地位不断的提升，周云先生首创的、我国自有知识产权的这套理论和方法必将传播和应用于全世界。

深圳市商业零售业协会

花　涛　会长

　　品牌定量分析在品牌研究领域极富挑战。周云老师把科学引入了品牌殿堂，系统深入地分析赋予品牌以科学感、现代感，带领人们向品牌纵深处行进，尽显品牌之盛境，为品牌研究做出了功勋卓著的贡献。

　　周老师以山东人的诚朴与勇毅，多年来执着耕耘在品牌定量分析领域，啃难啃的骨头，并屡结硕果，实现了众多品牌人的心愿，在展现品牌高远、深邃的同时，让人们领略品牌之美。有幸参加过由周云教授主讲的品牌定量分析研修班，由衷感受到周教授在品牌领域造诣颇深。其成果充满着原创色彩、其系统而又高超的讲授令人回味，从研究到教学无不彰显着一位品牌研究者的责任与匠心。

临沂大学

陈令军　教授

周云老师长期从事品牌量化研究，系统地提出了一套品牌量化理论，并应用于品牌管理实践，为丰富品牌管理理论的量化研究做出了独特的贡献。这部著作在周老师前期研究的基础上增添了新的内容，覆盖从获取数据到进行诊断解读的全过程，为企业解决品牌诊断、排序、择优等问题提供了具体方法，非常值得品牌研究者、品牌管理者阅读和学习。

对外经济贸易大学

张梦霞　教授

品牌管理是科学和艺术的结合，品牌定量分析理论及诊断技术是品牌管理科学性的关键要素，是目前品牌学界研究的最前沿课题。周云老师的《品牌定量分析理论与品牌诊断技术研究》从理论框架、理论假设到实证研究，对品牌定量分析理论进行了颇具创新性的研究，不仅具有方法论的工具性意义，而且对机构和企业进行品牌战略管理和决策提供了参考数据。

首都经济贸易大学

黄　琦　教授

最早看到周云博士的《品牌诊断学》这部著作是在 2016 年，当时我邀请周云博士来我校为学生做品牌管理讲座，之后于当年 12 月受周云博士邀请去参加由北京农学院经济管理学院主办的《品牌诊断技术与品牌定量分析方法》培训班，并有两个身份，一是被邀请的同行嘉宾，二是被培训的学员。带着好奇和探究的心理参加了为期一整天的培训研讨。在周老师的培训课堂上，他以《品牌诊断学》这部著作的结构为培训思路展开，让大家领略了基于大卫·艾克的品牌价值五星模型中的品牌认知度、知名度、美誉度、联想度、忠诚度这些指标的定量分析与计算方法；并提出了品牌在市场中的作用等同于信息在交易中的作用的论断，结合实例分析了品牌信息的量化过程；对上述品牌认知度、知名度、联想度、美誉度、忠诚度指标逐一进行信息量的转换，进而说明这些指标在品牌信息计算中的位置以及它们之间的关系，最终推导出一组完整严密的品牌信息量度量模型。

通过周老师的讲解和缜密的逻辑推理，结合实证案例分析，我深深地意识到《品牌诊断学》这部著作的创新性、开拓性和实践指导性。可以说，周云博士是我国在品牌理论指标进行定量分析研究方面做出有益尝试的第一人，不仅弥补了大卫·艾克品牌五星模型关于定量分析的不足，还进一步丰富了品牌五星模型理论，提出了完整的品牌信息量度量模型，为品牌定量分析奠定了理论基础，是我看到的应用数理统计、大数据、计算科学等综合性学科知识于一体的学术前沿理论，值得向品牌研究者和实践者推荐学习与实际应用。

时隔两年的今天，周云博士又有新作《品牌定量分析理论与品牌诊断技术研究》即将出版，这部著作是集合了作者《品牌信息本论》和《品牌诊断学》两部著作的理论精华，根据企业实践案例和品牌信息管理软件等应用技术编著而成。书中五大部分令全书有理有据而又行知结合。经过周云博士的进一步研究与分析整理的这部新作，有以下重要的两点为企业提供了关于品牌分析及其品牌资产评估的见解：第一，有利于企业的品牌管理和经营决策。一般情况下，企业的品牌管理工作使用定性分析方法有余而定量分析方法不足，就是说在品牌的量化指标管理方面大多数企业是不细致、不规范的。有了品牌定量分析方法，品牌的量化管理就有了依据，也会减少人为主观地判断引起的失误。同时，在企业并购或转让股权的交易过程中，品牌价值的量化分析也有利于企业决策者做到心中有数。第二，有利于企业重视品牌资产的保值增值。现在，品牌价值是企业品牌经营水平高低的风向标，看每年的世界500强企业品牌价值排行榜就可见端倪。品牌经营得好，品牌价值提升，品牌资产就会升值；品牌经营有失，品牌价值降低，品牌资产就会减值或停滞。因此，那些重视品牌成长的企业都会对品牌资产加以关注和保护，并希望品牌之树长青，希望企业不断厚积品牌资产、不断走向辉煌的未来。鉴于我们在品牌管理中所面对的挑战，我很高兴成为本书的首批读者！

河北地质大学

张雁白　教授

周云先生所著的《品牌定量分析理论与品牌诊断技术研究》一书对中

国品牌界的一大贡献，是将"品牌信息本体论"理论前沿研究转化为基于品牌数据的品牌定量诊断技术，从而为中国企业的品牌量化管理提供了强有力的分析工具。

北京国信品牌评价科学研究院

杨曦沦

没有定量分析，就没有科学评价，没有科学评价，就没有科学管理。几十年来，品牌理论与评价方法始终没有质的突破和创新。严重制约了品牌作为一门独立学科的创建与发展。

可喜的是，周云先生近年来先后推出的《品牌信息本论》《品牌诊断学》《品牌信息管理软件——辅助计算平台》《品牌定量分析理论与品牌诊断技术研究》等系列成果，不仅揭示了品牌本质，而且为品牌评价找到了科学的工具和方法，破解了品牌学界的哥德巴赫猜想，影响巨大，意义深远。

北京品牌智造规划设计研究院

郭占斌　院长

在品牌学术领域的前沿问题中，品牌定性分析理论方面的研究成果较为丰富，而品牌定量分析理论及应用方面则凸显不足。周云博士所著《品牌定量分析理论与品牌诊断技术研究》的出版，为品牌管理者进行精确的定量诊断提供了全面的理论知识和高效的应用工具。

《品牌研究》杂志

陈　岱　创刊社长

内容简介

  自 2016 年 7 月机械工业出版社正式出版发行《品牌诊断学——品牌经营数据的指标结构研究及品牌定量分析理论》之后的两年多以来，北方工业大学经济管理学院品牌管理团队继续努力，发挥优势学科的作用，先后承担了《中国连锁品牌发展质量报告 2016》《中国连锁品牌发展质量报告 2017》《中国连锁品牌发展质量报告 2018》，以及《中国白酒行业品牌发展质量报告 2016》《中国白酒行业品牌发展质量报告 2017》《安徽省品牌资源调研报告 2018》等项目，补充研究 600 余个国内品牌的数据，还进行了诸如《品牌忠诚度骤减问题研究》、国家标准《品牌价值评价——旅游目的地》等若干项特定命题的研究。连续举办了《品牌定量分析理论与诊断技术研修班》6 期，培养了近 200 位品牌理论研究人员。举行了《品牌评价方法研讨会》6 次，与品牌学界 50 余位学者进行了充分的研讨和交流，积累了丰富的品牌诊断经验和数据资源。获得了中华人民共和国商务部颁发的"商务发展研究成果奖（2017 年）"论著类二等奖，中国质量协会颁发的"2016 年度中国企业品牌创新成果奖"理论创新奖等荣誉，得到了品牌学术界和企业界的高度关注。

  《品牌定量分析理论与品牌诊断技术研究》是在《品牌诊断学——品牌经营数据的指标结构研究及品牌定量分析理论》基础上继续深入的研究专著。本书严格继承了《品牌诊断学》的研究范式和理论框架，从品牌数据开始，规划品牌定量分析的理论框架。《品牌定量分析理论与品牌诊断技术研究》的出版使这一领域的研究框架更为清晰，《品牌信息本论》《品牌定量分析理论与品牌诊断技术研究》《品牌诊断学》三部专著，构成了"品牌本体论"的基础理论、"品牌定量分析理论"的应用理论、"品牌诊断"的应用技术，贯穿理论发展全过程。

品牌定量分析理论及诊断技术是品牌管理科学研究的关键领域、国家实施品牌发展计划的关键瓶颈问题之一，是目前品牌学界研究的最前沿问题。它是解决品牌评价问题以及品牌定量化管理的唯一有效途径，为机构和企业对品牌进行择优、排序提供了可行的方法论，为品牌进行系统评估和决策提供了极有价值的参考数据。本书补充了大量企业实践案例和《品牌信息管理软件辅助计算平台》（著作权）等应用成果，使读者能够全面掌握品牌定量分析理论与诊断技术的理论知识和实战技巧。

本书内容包括：品牌数据的来源及获取品牌数据的方法、品牌数据的初步分析方法、品牌度量原理与品牌信息计算方法、品牌定量分析理论和实践应用五个部分，覆盖了从获取数据到进行诊断解读的全过程，能够为读者提供品牌管理和实施方面的理论知识、诊断工具及解决方案。为品牌管理者提供科学严谨的方法，进而为企业品牌管理提供有效的参考依据，最终实现了品牌诊断及传播的数据化、品牌管理定量化。

目　录

第 1 部分 品牌数据的来源

　　品牌数据不同于其他经营数据（财务数据、销售数据等），品牌数据由其独立于其他经营职能之外的、独立的品牌术语体系组成。品牌数据是品牌进行定量分析和诊断的基础，本书第1部分将系统地介绍品牌数据的来源。

1. 全面认识品牌的作用

1.1 品牌的市场价值（市场作用）

品牌数据独立于其他经营数据，这取决于品牌在经营中的作用与其他经营职能不同，为此，在确定品牌数据来源之前，有必要全面认识品牌的作用。

从一个行业之内的微观角度看，品牌无疑是有价值的，无论是个体、企业、组织，品牌能够为其带来附加值，品牌的作用是显而易见的。但从宏观的视角，在行业之上看行业内的品牌，品牌又是没有价值的，它只是一个对行业利润进行再分配的工具，一个行业的利润总额不会因为增加一个品牌而增加。

一个行业在一段时间内的总利润是确定的，是由这个行业内所有企业共同创造的价值，是恒和概念，不会因品牌而变化。企业在行业内与同行竞争，并在竞争的过程中创造了价值，创造价值的过程也是分配利润的过程。如果行业、企业、产品等一切都是同质无差异的，企业的利润就是平均利润率与投入之积。然而市场经济中企业的差异是现实普遍的，这些差异决定了企业最后的利润是有差异的。

企业竞争是对行业利润的竞争，有效的品牌会将本该属于其他企业的利润剥夺至本企业，形成超过行业平均利润率的超额利润，品牌为个别企业或组织带来超额利润，同时也使得那些没有品牌的企业所获利润低于应得的平均利润，所有企业获得的利润加总起来是恒和值，总的行业利润没有变化。

所以，从行业之外看一个行业内的企业品牌，它们只是改变了企业之间对行业利润进行再分配的格局。如没有再分配工具，企业按照市场机制对行业利润进行分配是无差异的，但当品牌、广告，甚至渠道垄断这些经营工具有效运用的时候，形成企业竞争格局就复杂起来，出现"同行不同命"的现象。

如此，品牌的市场价值（或称市场作用）可以这样理解：品牌是企业获取竞争优势的手段，是行业利润进行再分配的工具。

1.2 品牌作用的分析框架

品牌对经营的促进作用是非常明显的，而且品牌的作用也是分层次的，是由内而外的向外发散，逐层分别是：基础作用、次级作用、衍生的辅助作用。

在传统品牌定量分析理论中，从消费者认知角度对品牌进行度量的指标很多，其中以大卫·艾格的五星模型最具代表性。本书借鉴五星模型的部分指标设计，按照品牌发展的过程，将描述品牌对消费者的作用指标确定在知名度、认知度、延伸、美誉度和忠诚度这五个指标上（关于它们的概念在第2章详述）。将这五个基本指标按照对作用描述的层次区分开来，就形成了按照作用层次划分的品牌分析框架。

品牌对内部员工和消费者的作用构成了它的基础作用，其他作用并不独立存在，品牌在经营中体现的其他作用都归结在次级和衍生两个层次。次级作用和衍生作用是由基础作用决定的，它随着基础作用的变化而变化。所以，在品牌价值的度量中不能与基础量合并，品牌作用的度量就是针对品牌基础作用的度量。

本节的内容就是对这些作用进行逻辑系统化，使其成为一个逻辑架构清晰的整体，从核心作用至辅助作用逐层展开。

1.2.1 品牌内涵与作用的演绎过程

品牌的作用与品牌的内涵一致，理解品牌的作用应从对品牌内涵的理解开始。现代意义的品牌源自对英文 brand 的直译。它有三重含义，第一层表面意思是烙印，而且特指打在牲口身上的烙印；第二层含义是差异化；第三层指品牌。"烙印""差异化""品牌"三个词意在西方词汇中用一个词来表达，这三个词之间一定存在着内在的演绎逻辑。

如果追溯 brand，会发现它源自古斯堪的那维亚语词汇 brandr，原意是"燃烧"，指的是生产者燃烧印章烙印到产品。演化成"brand"时，其含义变成了打在牲畜身上的"烙印"，用以区分其所有者，起到识别和证明的作用。当时的西方游牧部落在马背上打上不同的烙印，用以区分自己的财产，这是原始的商品命名方式，同时也是现代品牌概念的来源。可以这样简单地理解 brand 当时的语境和作用：人们在一起共同生活、生产的时候容易对相近事物的所有权发生争议，尤其是放牧，因为这些家畜太相似了，相似到把它们混在一起就难以分辨它是谁的，为了区别每一类家畜的归属，在它们身上打个容易识别的烙印，起到识别并证明其归属的作用。

因此，古代的 brand 与我们现在看到的 brand 可能不完全是一个概念，彼时的 brand 叫作所有权标志，是通过符号进行所有权识别和证明的工具，这类符号称为所有权标志符号，现在依然广泛存在于农业养殖业当中。

brand 含义的关键转变是从"这是我的东西"（所有权）到"这东西和我有关系"（承诺）的跳跃。没有历史考证这个词义的变化发生于何时，但这个词义的变化却使得 brand 成为商业社会中最重要的词汇之一。原来仅限于识别某产品的所有权归属，演变成某产品的与制造者、销售者、使用者的联系，只要"有关"，无所谓是什么样的"有关"。例如，一个产品是我生产的，现在卖给客户，所有权已经不是我的了，但这样的产品是我生产的，该产品依然与我有关，等等。

从符号的角度看，这是由"所有权符号"向"承诺性符号"演变。

这个承诺性符号是"有关"的高度概括,与现在品牌界常用的"背书"概念基本一致。

当 brand 含义具有了"有关"的内涵后,brand 的传统概念才有可能形成。在"有关"的基础上,brand 渐渐出现了"不同的有关""有差异的有关"这样一些进一步分化"有关"的概念,直至"差异"逐渐取代了"有关",成为 brand 的主要含义,这时的商业社会为 brand 明确附上了差异的含义。

美国市场营销协会在 1948 年将品牌定义为:"用以识别一个或一群产品或劳务的名称、术语、象征、记号或设计及其组合,用以和其他竞争者的产品或劳务相区别。"这个定义可以高度概括为"品牌是差异化工具",是 brand 的差异化内涵。之后美国学者菲利普·科特勒博士在《营销管理》中为品牌定义为:"品牌是一种名称、术语、标记、符号或图案,或是它们的相互组合,用以识别某个消费者或某群消费者的产品或服务,使之与竞争对手的产品或服务相区别。"差异化一度是品牌认识的主流思想,至今仍有很大的影响,乃至于 brand 作为品牌的前身,其基础就是差异化。

现在被品牌学界普遍认同的品牌内涵是基于品牌关系理论的定义。大卫·艾格从品牌资产管理的角度提出了基于品牌关系的品牌定义:"品牌就是产品、符号、人、企业与消费者之间的联结和沟通,是各种经营关系的总和。"这一定义从消费者和品牌之间的沟通来强调消费者在其中的决定性作用,没有消费者的认可就没有品牌可言,品牌资产的价值就体现在品牌关系当中,因此,这一定义逐渐被品牌理论界广泛认可。

Brand 的内涵先后经历了"所有权标志""所有权符号""有关的承诺性符号""有差异的有关""差异""差异化""品牌关系"为主线的复杂演变过程,而且发生的年代和年份也都并不确切,是一个随着人类商业文明不断发展而长期发展演化的过程。

与品牌发展同步,业界对品牌的认识也渐渐脱离了识别性主轴,逐步由品牌关系过渡到品牌资产管理的认识上来。

品牌资产论认为品牌是一项重要的资产,包含正反两个方面的价值,形成四个方面的价值：知名度、品质、忠诚度和关联性。凯文·莱恩·凯勒也提出了品牌资产的概念，"基于顾客的品牌资产就是指由于顾客对品牌的认识而引起的对该品牌营销的不同反应"。代表人物有美国品牌学家 Alexander L. Biel，他曾撰文指出："品牌资产是一种超越生产、商品及所有有形资产以外的价值，品牌带来的好处是可以预期未来的收入远超过推出具有竞争力的其他品牌所需的扩充成本。"我国品牌学者祝合良（2007）对品牌资产的定义加以总结，认为："品牌资产就是品牌所产生的市场效应。"

这类认识以品牌是一类特殊的无形资产为假定条件，突出品牌给企业带来的利润、给产品带来的溢价等。认为品牌是可以独立存在的资产，可以交易转让，具有获利能力。

中国古代文献中没有品牌概念的记载，与之最为接近的概念是宋代出现的"字号"，是在"姓、氏、名、字、号"的演化过程中，一步步发展演化而来，是现在依然存在的老字号前身。字号内涵的发展演化过程与西方品牌的演化过程不一样，但进入商业后的作用基本一致，作为舶来词汇，在近代进入中国，现在理论界将老字号作为一个特殊门类的品牌加以研究，认为字号有着与品牌一致的共性，也有其特殊性的表现。

品牌内涵和对品牌本质作用的认识过程是相辅相成的，人们对品牌内涵认识的发展来自于对品牌本质认识的深化。还有学者分别从其他不同的角度对品牌加以定义，但因其依据不够严谨以及影响范围较小未能受到足够的重视，这里就不再赘述了。

1.2.2 品牌作用的层次轮廓和度量框架

保罗·黑格（Paul Hague）在《品牌价值几何》中提出：最初品牌价值的评估主要用于品牌收购、授权、记账、损害赔偿，而现在，品牌价值也反映了品牌对于竞争者、消费者、雇员、其他第三方的优势，以及向其他市场、产业、地区扩张的潜力（可称为品牌的可选价值）。从中可见，在国外对品牌的研究中已然提出了全面认识品牌作用的问题。

现代品牌管理实务对品牌内涵的认识就是差异化或差异化工具。这个认识没有错，但现代品牌的复杂程度早已远超"差异化"的概念。最初品牌的作用是对所有权的确认，起到所有权的识别作用，只对所有者有作用，其作用的内容也并不复杂。在商品经济发展到较高级阶段的时候，品牌被引入了营销，成为经营者实现差异化战略与营销的重要工具，也正因为这一原因，品牌最初的作用确实是只起到区隔消费者促进销售的作用，之后，当一个品牌成为一个企业重要的资产组成部分时，它的作用明显会发生扩散，形成对内对外两个方面。

按照保罗·黑格所确定的品牌作用框架，将品牌的度量基本框架也定在这四个方面，只是需要对他原定的四个方面进行调整，调整后的品牌度量基本框架为：消费者与潜在消费者、企业内部员工和潜在员工、经营关联方、同业竞争者。

也有研究将品牌作用分成对内对外作用，或者分成营销和非营销作用的框架。但品牌机理研究中表明：品牌的各种作用之间的交叉和重叠很严重。经过综合评析，黑格对品牌作用的框架理解还是比较全面的，只是没有区分这些作用面的层次，仅进行了平行理解。在确定了品牌信息本质之后，可以将品牌作用的出处和机理做一梳理，并按照这些作用关联面的关系将其整理为一个完整的体系。

本书按照黑格的理论框架进行分析，对于品牌作用所在的层次进行梳理，并进行取舍，逐一进行讨论和分析。一个品牌对内对外所起的作用可以表现在方方面面，归结起来如图 1-1 所示。

其中，品牌对消费者和潜在消费者、企业内部员工的作用构成了品牌的基础作用，也是整个品牌度量的核心。在此基础上，才能够实现品牌对关联方和同业竞争者的影响，发挥重要的作用，但即使这一作用再有价值，对于品牌而言也是次要的，它最基础的作用仍是对消费者、潜在消费者和员工的作用。

还有一些研究中称品牌的作用与创新能力、文化管理等有关。实际上，这些作用是衍生作用，更是品牌作用的表象。有些作用需要品牌与其他经营要素相结合才有效果，有些作用甚至无法度量。品牌的衍生作用在本书研究中是忽略不计的。

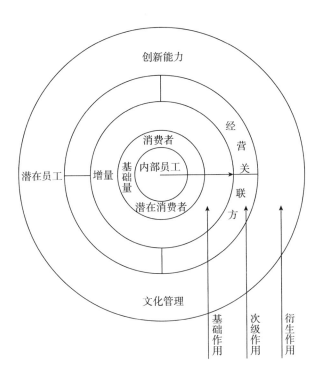

图1-1 品牌作用层次

1.3 品牌作用的层次

1.3.1 品牌基础作用——品牌度量的核心层

品牌基础的核心层就是员工、消费者与潜在消费者。品牌对员工、消费者和潜在消费者产生的影响，具体表现在他们对品牌的知晓情况、认知程度、延伸能力、自传播能力、重复购买率。本书以知名度、认知度、联想度、美誉度和忠诚度五个指标分别描述品牌的影响和作用。

一个品牌的这五个指标是对其基础作用的描述，它们所描述的品牌状况与营销数据、财务数据都没有直接的关系，是独立的一系列品牌术语体系。同时，也构成了品牌的定量分析逻辑。本书即按照这一逻辑逐层展开对品牌的定量分析逻辑。

1.3.2 品牌次级作用——品牌价值的外在表现层

品牌对经营关联方和同业竞争者不作为基础作用在上一节做过简单阐述，企业经营关联方和同业竞争者的作用属于品牌次级作用，在品牌价值的外在表现层。

这一层次的品牌作用其大小不由该层次决定，而是由品牌基础作用决定的，基础作用越大，次级作用也越大；同理，基础作用小，次级作用也小，次级作用依赖基础作用的发展而发展，不能背离基础作用而独立地发展。

次级作用是基础作用在其他职能或领域里的表现，甚至可以将次级作用所表现出来的价值与基础作用的价值视为等值。

1.3.3 品牌衍生作用——品牌价值的应用层

品牌的作用表现在方方面面，并不只是营销，如人力资源、财务管理、生产运作等都可以运用品牌，与其他经营工具相结合之后会产生很多衍生作用，如企业的创新能力、整合能力、文化管理能力，甚至对同业竞争者决策的影响等，不过这些能力中有多少与品牌有关很难度量，这也是品牌作用复杂性的表现。

品牌衍生作用同样也不在品牌信息量的度量框架中，不过作为作用层次的构建应该将其列在比较重要的位置中，它是品牌价值具体应用的表现，但与次级作用不同的是它不能视为品牌价值的表现，它的增加或减少不像次级作用那样与基础作用高度相关，它有时可以背离品牌的基础作用而高度独立地发挥作用。

品牌的作用是沿着这三个作用层次由里及表逐层展开的，在没有形成基础层次作用之前，品牌对次级和衍生层次是没有作用的。

1.4 品牌经营数据与其他经营数据的关系

1.4.1 辨析品牌与销售、营销的关系

毫无疑问一个品牌对营销是有促进作用的，但品牌对营销的促进作用是有条件的，如需要销售渠道的建设、需要合格的产品等。即使有很强的品牌，没有销售渠道也不会有销售，所以，客观的量化处理品牌对外部环境的作用是不能使用销售数据来衡量的，这需要认真辨析品牌与销售的关系。

应该说，一个企业所有管理职能和经营工具都是为或远或近的销售服务的，财务看似和销售不直接相关，但产品的成本是财务核算的，价格是财务算出来的，价格定错了当然会严重影响销售。人力资源也貌似与销售无关，但销售人员都是人力资源招聘来的，培训也是人力资源完成的，人力资源有问题当然会影响销售。企业当中的职能和工具都和销售有关系，只是或远或近而已。营销之所以重要是因为它离销售最近。品牌当然也是为销售服务的，是营销工具，但品牌不仅是营销工具，至少要理解为有质量销售的工具，一个企业对品牌的需求就始于企业对销售质量有需要之时。

品牌还对其他职能产生作用，如有品牌的企业相比同类没有品牌的企业而言，其员工的忠诚度更高，员工能够接受更低的工资，甚至有品牌的企业招聘新员工更容易等。

可以这样理解品牌与销售、营销的关系：品牌也是为销售服务的，不仅可以通过营销直接促进销售，也可以通过其他职能间接促进销售，品牌是营销工具，但不仅是营销工具，至少应该理解为品牌是有质量销售的工具。

1.4.2 品牌经营数据的概念逻辑

品牌对消费者和潜在消费者发生作用是一个渐次的过程，是逐次获

得知名度、认知度、美誉度、延伸、忠诚度的过程，这五项度量指标由低到高表示着一个品牌对外部关联环境的影响力（或称品牌市场力）的大小，也称品牌五维度框架。品牌五维度框架的逻辑也基本构成了一个品牌的发展几乎都要遵循的发展路径：知名度—认知度—延伸度—美誉度—忠诚度。这五个维度全面覆盖了一个品牌对市场（消费者与潜在消费者的总和）的影响全过程。

这条路径可以这样解释：合法地取得商标所有权，即获得具有排他性和竞争性的品牌，但这仅是创建品牌的开始，这一商标若是无人知晓，则是一个普通的商标，不会对消费者有任何影响，可以说是没有任何价值，知名度即是商标走向品牌的首要目标，获取一定知名度的商标即是我们常说的名牌，一个合法注册的商标经过努力获得一定的知名度而成为名牌，名牌的获得主要依靠的是商业手段的传播，如广告促销等，手段也没有限制，如将名牌和品牌等同起来，其后果之一就是不惜一切的出名，标新立异甚至通过另类恶俗的手段获得关注，依靠这样的手段获取的知名度对于短期关注是有一定作用的，但要获得之后的美誉度就非常困难了。

如果通过正当的手段和努力，该商标在知名度的支持下还能够获得消费者更为深入的了解，即获得一定程度的认知度。能够获得消费者深入的认知，可以理解为这是知名度的一个进步，它不再是简单的知晓该品牌，而是对该品牌已经达到比较熟悉的程度，甚至可以被认为是一定程度上的认可，距离美誉度只差一步之遥。

具有较高认知度的品牌若继续发展，品牌信息能够影响消费者对其他产品门类的选择决策，即该品牌获得了较高的五种能力使得品牌具有了可以延伸的可能。延伸能力的形成使得品牌的价值大幅增加，此时的品牌信息开始脱离行业或具体产品的约束达到泛化阶段，使品牌变得更有意义。

如该商标在目标人群中获得来自消费者的良好口碑及赞许，即获得品牌塑造的关键指标——美誉度，此时的品牌即使是在无任何商业广告或是公共关系等传播手段支持的情况下，其品牌信息依旧能够不断传播和发展，消费者当中已经具有了自我传播的现象。美誉度的内涵是自我传播，简称自传播，有正传播和负自传播之分，正自传播即通常所说的口碑。一般认为，获得美誉度，即发生品牌自我传播的口碑，就是品牌形成的标志。

此外，消费者因某品牌使得其消费行为一致，即该品牌获得了品牌忠诚度。品牌忠诚度的重要组成部分是重复购买率，一旦形成了忠诚度，消费者会连续地购买一个品牌的产品。此时的品牌信息高度抽象化，其意义已经超乎商业符号，不再是一个普通的商业符号了，而是成为重要的社会文化现象了。

综上所述，从品牌五维度的视角看，品牌的影响力是个由弱到强，由简至繁，由具象到抽象的过程。其中有量的变化，也有质的变化，过程复杂。

1.4.3 销售数据与品牌经营数据的关系

销售数据中包括销售额、市场占有率等指标，其他指标与销售额基本类似。只能说这些销售数据是与品牌有关的数据之一，但不是品牌经营数据。下文将以销售额为代表解释销售数据与品牌数据的关系。

销售额是品牌管理界评价品牌的常用指标，但存在两个问题很难解决：

第一个问题：销售额是企业盈利能力的体现，是企业综合素质的标志之一，所包含的内容不仅包括品牌等多方面，我们很难厘清销售额当中有多少是与品牌有关。所有的经营职能和经营工具都或远或近地与销售有关，销售额是典型的多因一果，影响销售额的因素包括价格、渠道、产品等很多因素，品牌只是其中一个。品牌对销售确实存在极强的促进作用，但不能简单地理解销售额反映品牌的优劣，还有很多企业并没有品牌却依然获得了销售额，因此，两者确实存在一定的关系，但不确定。

第二个问题：销售的发生是不确定的，有的是偶然发生的，有的是长期积累的结果，用销售额评价品牌，就会忽视潜在消费者的存在。

因为品牌的作用是长期的，新品牌带着新产品面市，很少能够做到立竿见影。品牌的塑造有个过程，短时间可能不会起到促进销售的作用，但这并不意味着品牌没有价值。依靠口碑进行"销售未动，公共先行"

的行销，在没有销售的情况下已经具有了品牌影响，培养了大量潜在消费者，即使没有销售额，也不能说该品牌就对消费者没有影响、没有价值。一个销售行为的发生可能是偶发的，也可能是长期积累的结果，是高度不确定的，未发生购买行为却接受了品牌信息的消费者是典型的潜在消费者。市场营销学对市场的定义就是消费者与潜在消费者的总和，潜在消费者是企业未来发展的空间，也是品牌价值持续增加的动力之一，在品牌价值中是不能被忽视的重要部分。

使用销售额来估量品牌的结果往往会有极大的偏差，这两个问题都是无法解决的。也正是因为这两个问题的存在，使销售额作为品牌度量的主要参数成为不可能。

品牌数据与销售数据的内容、出处、依据和作用都有着明显的差别。为此，在品牌定量分析理论中，数据来源不包括销售数据。

1.4.4 财务数据与品牌经营数据的关系

财务数据包括了资产负债表、损益表、现金流量表提供的数据。资产负债表中包括有形资产和无形资产两大类，而有形资产与品牌之间并无直接关系。因为企业的经营方向由企业根据自身的情况自行确定，有的企业通过低成本领先、有的企业通过渠道垄断，有的企业通过资源禀赋获得竞争优势，选择发展品牌作为企业核心竞争力的企业是众多企业当中的少数。

如图1-2所示，企业从开始参与市场竞争直至形成核心竞争力的过程是复杂的，企业将面对很多选择战略方向的选择。每次选择的结果都会体现在主要的竞争工具选择，如按照战略管理和市场营销的两个基本框架分析企业参与市场竞争直至形成核心竞争力的战略性决策全过程。

赢得品牌是企业在差异化经营中的一项选择，但不是唯一选择，在没有品牌的企业中，企业一样可以通过拥有的资产获得利润和发展，而拥有品牌的企业，其资产也是其获得利润和发展的必要条件，有形资产与品牌之间并无绝对的关系，而且无形资产中的商标和品牌一般不能够直接反映在财务报表中。商誉是通过企业转卖时的差价才能确定的，这都说明品牌与资产负债表的数据无直接关系。

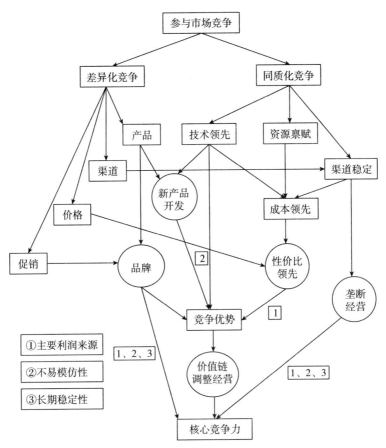

图 1-2 企业获取核心竞争力的途径

而损益表与销售直接相关，前文所述的品牌与销售的关系清楚地解释了品牌与销售的关系，这里就不再赘述了，其中可以单独列出一部分与品牌有关的营销费用，充其量也只能说是企业为品牌管理和传播所花费的成本，而与其发挥的效果无关，更不能作为品牌经营指标使用。

现金流量表反映的是企业经营的财务状况问题，品牌创建需要一个安全宽松的财务环境，但这一环境却不能反映品牌本身的好坏优劣。

总的来说，财务指标是企业经营的重要指标组，但也不能作为品牌经营指标来使用。

1.4.5 品牌与品牌资产的关系

品牌与品牌资产是经常被混淆的一对概念，两者有着严格的区别。

品牌并不是有用之后就成为资产的，品牌价值与品牌资产价值也不能完全等同。

一般而言，资产是指由企业过去的交易或事项形成的、由企业拥有或者控制的、预期会给企业带来经济利益的资源。区别于货币等价物的关键在于资产能为企业带来经济利益，意味着它是能够有收益的。

品牌何时成为资产是不确定的，更不是它成为有用的工具起就是资产的，这里应该严格定义品牌作为营销工具的起点与成为品牌资产的起点。如图 1 – 3 所示。

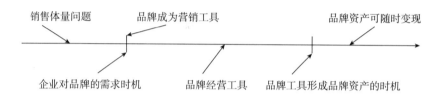

图 1 – 3　品牌发展时序

图 1 – 3 中包含了几个品牌管理重要时机节点，企业一开始的经营所遇到的是销售体量问题，即使在销售质量不高的情况下，企业需要及时达到盈利平衡。当完成体量问题后，企业开始出现对销售质量的要求，即高盈利率、回款率、周转率等。为达到有质量的销售目标，企业可以有多条途径的选择，如技术进步、资源禀赋、渠道稳定等，品牌只是其中一条途径，品牌并不是唯一可行的途径，因此，"品牌不是必要要素"，但是，当品牌创建进入一定阶段后，品牌开始对营销起到促进作用，这个阶段品牌是企业的一项重要的经营工具，但还不是品牌资产。直至品牌出现以品牌为核心的特许经营方式，品牌授权收取品牌使用费，品牌才成为一项真正意义上的资产，这是品牌从经营工具变成品牌资产的节点，在此之后可以称为品牌资产变现过程，而在此之前，品牌只能成为品牌经营工具。

品牌资产价值是对品牌进行的估值处理，而品牌作为经营工具的价值是现值处理，两者有着本质的区别，绝不可以混为一谈。

2. 品牌经营指标的术语体系

　　1991 年，大卫·艾格在综合前人的基础上，提炼出品牌资产的概念模型，即品牌资产是由品牌知名度、品牌认可度（品牌感知质量）、其他品牌专有资产、品牌联想度、品牌忠诚度五个部分所组成。因五部分指标可构建起一个五星图案，故称品牌资产五星模型，如图 2－1 所示。

图 2－1　艾格品牌五星概念模型

　　该模型在当时是划时代的，对品牌的理解已经非常深刻。模型中的指标描述了一个消费者对某个特定品牌的感知情况，但这与现在品牌学界对于品牌的理解大相径庭。当前的总体指标是以品牌视角描述消费者对品牌的感知。以忠诚度为例，五星模型的品牌忠诚描述的是一个消费者对某特定品牌的忠诚程度，而总体消费者的忠诚度是描述特定品牌拥有达到忠诚水平的消费者比率。

品牌学界学者们继承了该模型的部分概念，经过反复补充研究，增加了美誉度、认可度、满意度等术语，构成了完整的品牌术语体系。其中，以"品牌知名度""品牌认知度""品牌延伸度""品牌美誉度""品牌忠诚度"五个指标最为关键，因为这五个指标可以准确度量，常被用于品牌评价，因此被称为品牌度量五度评价指标。

这五个关键指标是一般品牌发展所遵循的基本路径，它们形成了一个可度量的指标系列，即"知名度、认知度、延伸度、美誉度、忠诚度"的指标系列，形成了完整的品牌经营指标的术语体系。

品牌定量分析理论就是建立在五度评价指标之上的理论体系，本章将对每个指标的概念进行详细阐述。

2.1 品牌知名度的概念

品牌知名度意指受众对某品牌知晓程度的度量指标，即受众当中有多少人知晓该品牌。如某品牌在北京的消费者中具有的知名度，则意指北京所有的消费者对该品牌的知晓程度。若换成该品牌的全国知名度，则意指全国消费者对该品牌的知晓程度。既可以是"某地区的知名度"，也可以是"20~30岁男性消费者的知名度"，可见知名度一定要有区域或某类细分受众的前提。

品牌知名度的原意是品牌知晓程度，由于早期翻译的原因将五星模型中的 Brand Awarenes 译成品牌知名度，其概念为"潜在购买者认知或回想起某品牌是某类产品的能力"，即反映品牌呈现在消费者头脑中的强度。包括从品牌认知到品牌主导四个不同层次，这四个不同的层次构成品牌知名度金字塔，由下至上为品牌认知、品牌回想、品牌首选和品牌主导。具体如图 2-2 所示。

与中文对知名度的理解有很大的不同，Brand Awarenes 所包含的内涵更接近于品牌熟悉度或意识度，即描述一个消费者对特定品牌的熟悉度或意识程度，如直译品牌知名度应为 Brand Popularity。上述四个层次描述

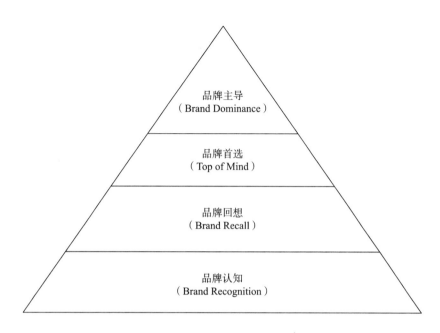

图 2-2　品牌知名度金字塔

的是一个消费者在 Brand Awarenes 概念下的程度问题，这与品牌视角看消费者总体概念有很大不同。在其他理论中修改了知名度内涵，将品牌知名度视为第一提及知名度，即品牌作为消费者自发提及的第一个品牌的比率。这与"品牌首选"概念一致，只是将一个消费者的视角修改为消费者总体视角后的概念，将品牌知名度的概念换成了"品牌在受众心目中份额或头脑份额的度量"。

　　尽管视角变换了，但与知晓问题仍存在很大的差异，这个差异是由于部分学者持有第一提及观点，可能是将一般意义上的知名和认知进行了结合，认为第一提及知名度是质量最高的知名度，受产品、广告、促销、渠道等的综合影响。也可能是受众已经拥有的品牌认识，或已经有意识购买的品牌，或长期接受广告灌输的结果。这样做可以简化对品牌的度量，但却容易将知名度与认知度、美誉度部分重叠。

　　为了清晰地界定五度指标之间的关系和发展过程，本书所提及的品牌知名度意指受众①对某品牌知晓程度的度量指标，即受众当中知晓特定品牌的人数与受众总人数的比率。它是一个总体概念指标，无单位的比率（百分比）表达。

2.2　品牌认知度的概念

2.2.1　认知度

认知度来自于五星模型中品牌知名度的最低层次品牌认知层次和质量感知概念的结合，借鉴前人对品牌发展这一阶段的大部分理解，将该指标的内涵重新设计为："品牌认知度是受众对品牌的知识、内涵以及其他信息的深度认识程度。"

在知晓的基础上，对已知晓某特定品牌名称的受众进行认知度调查，主要考察受众对品牌的深入认知，其考察次序为该品牌的原产地、主要产品、行销行业、logo辨识和品牌个性、品牌价值观等（后续详细说明），以判断消费者对该品牌的认知程度。

五星模型中品牌认知是品牌知名度的最低层次，是指顾客曾经接触过某品牌，它反映顾客从过去对品牌的接触中产生出一种熟悉感。顾客认知某品牌，并不一定记得曾在某地接触过该品牌，也不一定能够说出该品牌与其他品牌有何不同，它是何种产品类别的品牌，只表明消费者过去曾经接触过该品牌。感知质量则是消费者根据预订的目的和相关选择对产品或服务的全面质量或优越性的一种感知，类似于品牌体验的概念，它是消费者对品牌质量的一种概括性的、总体性的感知。

五星模型中的知名度品牌认知层次和感知质量所描述的现象是一样的，只是程度有所不同，是可以归结在一个品牌认知度的概念。

品牌认知度的概念在品牌传播实践中可以这样理解：受众仅是知道

---

① 受众指接触特定品牌的人群，包括消费者、潜在消费者、内部员工等，下文同。

某品牌的品名是远远不够的。如两个消费者都知道某特定品牌的名称，但知道程度也可能不一样，其中一个只是听说过该品牌名称而已；而另一个不仅知道品牌名称，而且记得住该品牌的广告，甚至能够辨识品牌的 logo，知道品牌的个性和价值观，虽然在知名度的范围内这两人是一样的，但认知程度的不同决定了他们对该品牌的认知差异很大。

2.2.2 认知度和知名度之间的关系

在传统的品牌指标体系确定认知度的操作实务中，品牌知名度和认知度经常是放在一起进行调研和统计的，普遍认为两者没有本质区别，认知更像是有质量的知名度。如果只是用于一个品牌的管理需要，这个说法并没有错，只是合并之后的认知度中会受到无效知名的影响，难以获得可靠的信息。最重要的受众应当是目标消费者，目标消费者当中包括了直接使用者、购买者。对知名和认知不加区分的计算会使得大量无效知名者进入认知度的计算，虚高品牌认知度而误导企业决策。如某女式内衣品牌，目标消费者是女性，而很多男性因广告也知晓该品牌，计算知名度是会包括这些不可能成为消费者男性知名者，而这些男性对该品牌的认知也仅仅停留在知名，不会继续使用该品牌的产品，女性知名者中会有继续使用该品牌产品的消费者，她们对该品牌的产品质量、风格都有很深的认知，如将不可能成为消费者男性知名者一并计算，会错解品牌认知度。因而品牌认知度与知名度是必须严格分开的概念。但认知必须建立在知名的基础上。

即使有的品牌没有目标消费者概念，是对大众传播的品牌，也是需要将知名和认知分开的。因为合并概念的误差非常明显，必须将认知和知名分成两步成为独立的两个步骤，结论才有效。

举个例子说明这个问题：在对某品牌的喜欢程度的调研中随机选择 100 个消费者作为样本，调研设计为两种方式，第一种分一个步骤完成，第二种分两个步骤。调研统计的结果是一样的，例如，在这 100 个消费者当中，有 10 个知道该品牌，其中 9 个仅是知道该品牌品名而已，其余的什么也不知道，其中有一个非常喜欢该品牌是这个品牌的忠诚者。将指标定量化，知道该品牌得 1 分，比较喜欢得 5 分，绝对喜欢得 10 分等这一喜欢程度。用一个步骤得出结论：该品牌知名度10%，喜欢程度是1.9%；用两个步骤得：该品牌知名度10%，喜欢程度是19%；算法如下：在第一种一个步骤的算法中，9个仅知道的人得分是9分，1人得10分，100人的满分是 $100 \times 10 = 1000$ 分，于是得出喜欢程度为 $19 \div 1000 = 1.9\%$ 的结论；而第二种两个步骤完成中，10个人中9人得9分，1人得10分，而总分是 $10 \times 10 = 100$ 分，于是得出结论喜欢程度为 $19 \div 100 = 19\%$ 的结论。两者差异很大，原因在于二者合并时很容易掩盖重要的信息。

为了避免认知度中的无效信息将真实情况掩盖起来，需要在算法中剔除基数中没有关系的部分，即将不知晓的消费者排除在认知度之外，认为认知问题就是知名度的深度问题，是以知名为前提，不知名的部分不考虑。

一般的品牌创建的起点是获取一定的知名度，但简单的知名是远远不够的，为了下一步能够获得赞誉和口碑，还需要消费者对品牌有更多的了解，认知是品牌美誉的前提，是品牌传播效果的度量。

知名度和认知度描述的品牌信息的角度是不同的，知名度是从总体的角度度量一个目标受众群体对品牌信息的知晓情况，而认知度是对一个受众对品牌信息知晓程度的描述。两者有联系，但不是一回事，两者共同对品牌信息的数量和有效性进行了全面度量。从知名度度量到认知度度量是个连续过程，但不能合并成为一个指标。

2.3 品牌延伸度的概念

2.3.1 品牌延伸与品牌延伸度

对品牌延伸的研究很早就出现，但至今还没有统一的定义。在营销学领域一般认为品牌延伸是指一个著名品牌或某一具有市场影响力的成功品牌使用在与成名品牌或原产品完全不同的产品上。还有比较直接的表达为：品牌延伸是指在已经确立品牌地位的基础上，将核心品牌运用到新的产品或服务中，期望以此减少新产品进入市场的风险，以更少的营销成本获得更大的市场回报。或者表达为：品牌延伸是指在已有相当知名度与市场影响力的品牌的基础上，将原品牌运用到新产品或服务上以期望减少新产品进入市场的风险的一种营销策略。总之，品牌延伸是品牌走出单一品牌的关键步骤，是品牌价值的放大器，具有延伸能力的品牌与不能进行延伸的品牌有天壤之别。

品牌延伸度是介于品牌认知度和美誉度之间的一个关键概念，描述一个品牌具有的延伸能力，西方学者对它的研究非常丰富，定量计算一般是通过对受众的样本进行调研获得。品牌延伸度形成于受众对品牌有一定的认知度之后，即可以形成普遍意义上的延伸能力，但具有延伸能力的品牌并不意味着一定会产生美誉度。由此可知，在认知度与美誉度之间的关键指标应该是品牌延伸能力，遵循前人的研究范式，用"品牌延伸度"作为这一阶段的关键指标。

2.3.2 品牌延伸度与品牌联想

在西方品牌学研究主流研究中，品牌联想是品牌资产的重要组成部分。意指"与品牌记忆相联系的任何事情，是消费者作出购买决策和形成品牌忠诚度的基础"。影响品牌联想的主要因素是品牌定位和品牌名称，准确的品牌定位可以产生强有力的品牌联想，品牌名称的根本价值就在于它的系列联想，它向人们展示品牌的内涵。它是品牌指标中最为复杂的一个，可以查阅到的文献对它的研究非常丰富，但它又是一个难以确切度量的指标，祝合良（2010）将其概况为：产品属性或特性、无形性、顾客利益、相对价格等11类联想，品牌联想的概念家们难以计算出确切的值。

品牌联想本质上仍是认知程度的问题，覆盖了延伸传播和自传播之间的区别和界限。在本书中，仅借鉴了联想度的主旨思想，对其内涵进行缩小，这样会缺失一些必要的内涵，但对于度量用的关键指标，指标间不重叠更为重要，哪怕指标间的间隔距离比较大，也是非常必要的。由于品牌联想决定品牌延伸能力的关系非常清晰，故缩减品牌联想的概念，集中表现为品牌延伸，品牌联想的测量问题就简化为描述品牌延伸能力的参数问题，品牌延伸能力的参数统称为"品牌延伸度"。

也就是说品牌延伸度的计算结果不是一个值，而是一组参数，它专门用于解决品牌延伸条件下，品牌进行合并问题，是用于计算延伸类型品牌时的重要变量，只有在具有多重品牌以及双重品牌等复杂的品牌结构时进行合并计算使用，本书研究对象是单一品牌（没有延伸的情况）的信息量的计算，在后续研究中略去有关延伸度的问题，这里只做理论上的探讨。

2.4 品牌美誉度的概念

品牌美誉度（Brand favorite）意指品牌获得来自消费者的赞许、推荐，但美誉度不是指某个消费者对品牌的赞许程度，一个消费者对某品牌的偏爱程度并不是品牌美誉度的含义，品牌美誉度的核心内涵是消费者当中有多少是来自消费者的互相影响。

品牌美誉度的概念强调消费者在使用了该品牌的产品或服务后所形成的体验，更多的是与产品自身质量和品牌形象相关，质量好、形象好的产品通常能够得到比较多的赞许。此外，还有品牌内涵对消费者的影响。总的来看，一个品牌形成美誉度主要取决于是否获得了消费者认可，因此，可以认为认知度是美誉度形成的基础，但即使有充分的认知也并不一定能够获得相应的美誉度。

美誉度的内涵一般由自我传播的概念来代替。自我传播简称自传播，俗称口碑，指在没有任何商业费用支持的情况下，品牌依然在消费者和媒体中广泛传播。美誉度的测算其实是对品牌自传播能力的测算，在实务中需要精确地了解消费者的购买动机中有多大程度来自消费者之间影响的程度，一般使用排他问卷的形式，将受到广告、促销、渠道等与直接营销目的有关的购买动机影响的消费者剔除掉，剩余的消费者可以约等于收到消费者之间影响的口碑消费者，其所占比例即为美誉度。

品牌美誉度是品牌创建的关键，能否被称其为品牌就是看该商标是否获得了相当程度的美誉度。美誉度与品牌认知度之间确实存在较强的相关关系，一般说来美誉度的形成是需要有认知度的基础的。厂商经过努力使品牌形成较高知名度和认知度是有可能的，但能否形成美誉度就不完全取决于厂商的努力了。品牌自身、消费者的成熟程度、市场机遇等都是美誉度产生的必要条件。美誉度一旦形成，该品牌创建即告成功，该商标即成为一般意义上的品牌。此时的品牌再不需要像在创建阶段那样为知名度负担高额的传播成本，即使将广告全部都停下来，品牌也会在消费者之间广泛传播。达到一定美誉度的品牌，继续使用广告的效益会很低，厂商只需要少量提示即可。

2.5 品牌忠诚度的概念

品牌忠诚（Brand loyalty）是指消费者在购买决策中，表现出来对某个品牌有偏向性的（而非随意的）行为反应。它是一种行为过程，也是一种心理（决策和评估）过程。简单地说，品牌忠诚是指消费者的消费偏好或消费习惯因某品牌保持长期一致和持续，即该消费者对这个品牌具有了品牌忠诚的行为，在《消费者行为学》中品牌忠诚理解为重复购买率。

品牌忠诚不同于人与人之间感情的忠诚，它不特指品牌与消费者之间具有了情感上的相互依赖，而仅是描述消费者的习惯和偏好。因此，在品牌忠诚指标中不考虑对某品牌在情感上的依赖，只考虑行为上的结果。品牌忠诚度对一个品牌的生存与发展极其重要，是一定的忠诚度能够体现出该品牌对销售的支撑作用，能够使得品牌具有提高抗风险的能力，使品牌保持长久的生命力，它是一个品牌能够发挥时效性作用的体现。

在实务中，品牌忠诚者指连续购买次数超过这个行业的平均重复购买率的消费者。品牌忠诚度是在特定样本下，品牌忠诚者占消费者数目的比例。

概念总结：一个品牌的影响力在知名度和认知度阶段都是依靠厂商投入增加的，在美誉度形成后可以依靠消费者之间传播而增加，但即使没有出现品牌危机之类的风险，品牌也是会随着时间自然衰减的。忠诚度的作用则体现在一些消费者拥有的品牌信息在忠诚度的作用下能够不衰减或衰减得缓慢，从而使品牌影响力持续有效。

3. 调研问卷的设计

品牌数据来自对消费者的样本调研。依据上述对品牌经营数据的理解，进行问卷设计。再通过随机样本的调研、统计获取品牌数据。

对单一品牌进行调研的问卷设计内容包括了对品牌知晓与否、认知程度、是否具有自传播，以及重复购买情况四个方面的内容，分别针对品牌知名度、认知度、美誉度和忠诚度进行调研。

这一问卷是需要量化处理的问卷，所以它的问题都应是封闭问题，故选择"是否"选择类型，"阶梯"选择类型和单项、多项选择类型三类问题。消费者的答案可选范围确定，封闭式选择项回答。本章详细讲述获取品牌经营数据的问卷设计。

3.1　问题设计

3.1.1　知名度的问题设计

知名度所反映的就是消费者对品牌的知晓程度，只需设计第一个问题"是否知道某品牌"就能非常容易地获得品牌知名度的确切值。

问题：您是否知道某品牌？

A. 是　　　　　　　　　　B. 否

3.1.2 认知度的问题设计

认知度的问题设计稍显复杂，选用瑟斯顿等距量表法。首先，通过对消费者访谈和文献分析，尽可能多地收集人们对具体品牌的各种认知信息，将这些信息逐条用陈述语句表达，如"这个品牌主要销售的产品是香皂""这个品牌的所在地是广州"等，消费者对一个品牌了解的信息可以多达上百条。其次，将上述陈述句在按照消费者提到的频次分成若干组，提到次数越多的，越容易了解，或者可以认为认知难度不大。再次，将陈述句变成疑问句，备选包括正确选项的答案。最后，从易到难等分赋值，组内陈述句可以继续细分赋值。因此，呈现出来的是"阶梯式"量表，问题按照难度由易至难自上而下排列，对应的程度可以选择等分或不等分，示例如表3-1所示。

表3-1 品牌认知度分段问题

序号	问题	从上至下依次选择 （不确定可不选）	对应认知程度
1	是否知道某品牌	A 是　　B 否	消费者选 A，则继续进行认知度调查，若选 B，或除品牌名称外其余一概不知的情况，认知度为 0
2	某品牌主要销售的产品是什么	A##　　B## C##　　D##	20%
3	某品牌的所在地是哪里	A##　　B## C##　　D##	40%
4	某品牌的广告语是什么	A##　　B## C##　　D##	60%
5	某品牌的经营风格是什么	A##　　B## C##　　D##	80%
6	某品牌的价值观是什么	A##　　B## C##　　D##	100%

按照消费者能够回答正确的位置，选取对应的认知程度，即获得一个消费者对某一品牌的认知程度，将样本中所有消费者的认知程度加总，并求得平均数，即为该品牌的平均认知度。如需精算，可以继续增加分段问题密度或在一段值域内增加问题，如消费者能够辨识品牌的 logo 等。

3.1.3　美誉度的问题设计

品牌美誉度使用品牌自传播率来计算。品牌自传播率是指在特定消费者调研样本下，品牌自传播者占消费者数目的比例。为此，需要在问题设计中辨别得出自传播者，品牌自传播者指的是在没有任何商业费用支持的情况下，依然在消费者和媒体中传播品牌的消费者。

实务中，关于品牌美誉度的问题设计是一个有条件的选择问题，分为两个步骤。首先确定他们对品牌的认知有多少不是来自厂商的主动传播，剩下的部分都可以视为消费者主动获取或者他们之间的传播，这是一个条件问题，满足该条件后再继续下一个步骤，即该消费者是否向他人推荐，以确定该消费者是否为自传播点，其次计算他们的比例，即可求得品牌自传播率。

问题1：您对该品牌的了解来自如下哪个方面（可多选）？

A. 从购买获得的体验中了解到该品牌的知识

B. 从厂商的宣传物、视频等广告（包括植入广告）中了解到该品牌的知识

C. 从他人（非推销员）的介绍和推荐中了解到该品牌的知识

D. 从推销员或促销人员的介绍中了解到该品牌的知识

E. 从其他渠道了解

问题2：您向他人提及或推荐过该品牌吗？

A. 从未提过

B. 提过但不是推荐给别人

C. 曾经推荐过，但次数不多

D. 经常推荐给别人

自传播能力中有若干种形式存在，如实证说明在新网络媒体形成的自传播能力，只能改变消费者的知名度和认知度，但不会增加美誉度。而品牌自传播的形成主要是依靠消费者体验、他人推荐等非厂商主动宣传而获得的高度认可，之后形成的自传播能力，因此，只有第一个问题选项回答A和C，且在第二个问题中选择D的消费者才具有品牌自传播能力，在正常情况下，品牌自传播率可以约等于品牌美誉度。如果产品

属于较大额耐用品，问题2的选项可以放宽至C和D两项的选择者，均属于自传播者。

3.1.4 忠诚度的问题设计

忠诚度的测算主要是计算品牌忠诚者的比例，品牌忠诚者的行为表现为因品牌而形成的重复购买，视为连续型消费者。品牌忠诚者连续购买次数超过这个行业的平均重复购买率的消费者。

以如下一般快消品品牌为例：

品牌忠诚度是品牌指标中唯一一个与销售有关的数据，必须是购买过产品的消费者，所以由排他性问题和选择问题组成。

问题1：您是否购买过该品牌的产品？

A. 是

B. 否

问题2：您购买过该品牌的产品的频率是？

A. 就买过一次，之后就再也没买过

B. 买过两次，只是偶然购买

C. 连续买过三次，也购买其他品牌的同类产品，但该品牌的产品买得比较多

D. 连续买过四次，也买其他品牌的产品

E. 连续购买该品牌的产品五次及以上，基本不购买其他品牌的同类产品

品牌忠诚度只计算连续消费行为，但行业之间的差异很大，有的行业一次消费数额小，但消费频次很大，如餐饮、食品等。而有的行业一次消费数额很大，但频次很少，如婚爱类产品、汽车等，计算忠诚度的选项需根据品牌所在行业的特征确定。快消品的平均重复购买率在五次以上，因此题目设计为高于连续五次以上的消费者为品牌忠诚者，一般快速消费品品牌选项为：第一个问题选A，第二个问题E选项的消费者比例即为重复购买率。随着消费频次减少，选项范围不断扩大，对汽车行业的品牌选项为：第一个问题选A，第二个问题选择B、C、D、E选项的消费者比例，认为只要第二次购买汽车仍选择该品牌的消费者即该品牌的忠诚者。其他类型的品牌视其频次确定选择范围。

一般情况下，不做观察法验证，用于较高重复购买率的品牌会拥有较高的品牌忠诚度。

3.2　问卷组织

3.2.1　问卷构成

（1）问题及排列次序。

问卷组织需要尽可能为录入及统计提供方便，为此问卷问题的次序强调被访者在回答问题时的逻辑要由简至繁，由浅入深，对上述问题的询问逻辑要逐次渐进地深入，可以按照顺序逐一排列。

（2）其他信息。

此外，品牌调研需要将所在地指标情况和目标消费者的情况分别计算，所以在问卷中需要设置性别、年龄、所在地区，以及收入状况的录入部分。

（3）编码。

为方便录入和统计，需要对问卷的基本信息设置编码，需将性别、年龄、所在地区、收入状况分别进行编码设计。

（编码细节略）

3.2.2　组卷

由上述关于指标的问题设计即可以生成获取品牌经营数据的调研问卷。根据一次调研的品牌数量，可以把问卷设计成两类，一类针对一个品牌的问卷，对一个品牌进行深入调研，包含问题更深入，能够探知更多的消费者信息。另一类针对多个品牌进行的大范围调研的问卷，可以针对一个行业，或一个地区的所有品牌，这样的调研结果使得这些品牌具有非常好的可比性。

3.2.2.1　单一品牌调研问卷

在对品牌经营指标进行充分理解的基础上，设计针对品牌经营情况的问题，经过简化加工后，即可编制生成一份针对某一特定品牌的调研问卷了。问卷设计尽可能达到言简意赅、意图清晰的目的。如下文以"面点王"品牌的调研问卷为例，阐释单一品牌调研问卷的设计，根据每个被调研品牌的特点，可以更换问卷内容。

附："面点王"品牌认知度精算调查参考问卷。

填写人性别：_____ 年龄：_____ 填写地点：_____

填写日期：_____

年薪收入状况：

A. 30 万元以上　　B. 15 万~30 万元　　C. 6 万~15 万元

D. 2 万~6 万元　　E. 2 万元以下

（1）请问您知道"面点王"这个品牌吗？

A. 知道　　　　　　B. 不知道

上一题选 A 继续，选 B 结束

（2）请问"面点王"是做什么行业的？

A. 服装业　　　　B. 箱包业　　　　C. 餐饮业　　　　D. 冷冻食品行业

（3）"面点王"的产品是下列哪一种？

A. 中式快餐　　B. 西式快餐　　C. 高档中餐馆　　D. 地方特色风味

（4）"面点王"是下列哪个公司的品牌？

A. 上海面食大王连锁有限公司　　B. 北京老面馆餐饮连锁有限公司

C. 深圳面点王饮食连锁有限公司 D. 广州面点饮食连锁有限公司

（5）"面点王"的 logo 是哪一个？

A.　　　　　　　B.　　　　　　　C.　　　　　　　D.

（6）"面点王"的总部在哪里？

A. 北京　　　　B. 上海　　　　C. 深圳　　　　D. 广州

（7）下列哪位做过"面点王"的代言人或是该品牌根本没有代言人？

A. 刘保国　　　B. 王宝强

C. 张国立　　　D. 没有使用过代言人

（8）您平均一天能看到或听到几次"面点王"品牌的广告信息？

A. 从没看到过　　B. 平均 1 次　　C. 1~3 次　　　D. 3 次以上

（9）下列哪句话是面点王的广告语？

A. "面点王"，都市人的大厨房

B. "面点王"，做传统的面

C. 一样的面食，不一样的"面点王"

D. "面点王"，做经典的面

（10）在您的记忆中，"面点王"的品牌多久更新一次广告？

A. 从来没有更换过　　　　　　B. 一个月

C. 三个月　　　　　　　　　　D. 半年以上

（11）您是否参加过"面点王"品牌举办的公共关系活动？

A. 是　　　　B. 否

（12）通过参加公共关系活动，您是否加深了对"面点王"品牌的认可？

A. 是　　　　　　B. 否

（13）您对该品牌的了解来自如下哪个方面（可多选）？

A. 购买中获得的体验

B. 从厂商的宣传物、广告等渠道了解

C. 从他人（非推销员）的介绍中了解

D. 从推销员或促销人员的介绍中了解

E. 从其他渠道了解

（14）您向他人提及或推荐过"面点王"品牌吗？

A. 从未提过

B. 提过，但不是推荐给别人

C. 曾经有推荐过，但次数不多

D. 经常推荐给别人

（15）您曾经购买过"面点王"的产品吗？

A. 是　　　　　　B. 否

上一题选 A 继续，选 B 结束

（16）购买"面点王"品牌产品的原因是什么？

A. 受到广告的影响　　　　　　B. 价格便宜

C. 正在搞活动　　　　　　　　D. 亲友推荐

E. 自己觉着不错一直在用　　　F. 购买方便

G. 很喜欢这个品牌

（17）从您购买"面点王"品牌的产品开始至今购买的次数？

A. 就买过一次，之后就再也没买过

B. 买过两次以上，但买得较少，只是偶然购买，其他品牌的产品买得较多

C. 连续买过三次以上，也购买其他品牌的同类产品，但该品牌的产品买得比较多

D. 连续买过四次以上，很少购买其他品牌的产品

E. 连续购买"面点王"的产品五次及以上

3.2.2.2 多品牌调研问卷

该问卷设计针对多个品牌的一次性调研，第一行包括了各项指标相对的问题，将调研表置顶即可，横列第一列为被调研的品牌名称，表内为可选项填写处或选择处。消费者在调研员指导下进行认真勾选即可。对多品牌的调研问卷如表 3 - 2 所示。

表 3 - 2 多品牌调研问卷

性别：_____ 年龄：_____ 所在地区：_____

收入状况：A. 年薪 30 万元以上 B. 年薪 15 万 ~ 30 万元 C. 年薪 6 万 ~ 15 万元 D. 年薪 2 万 ~ 6 万元 E. 年薪 2 万元以下

品牌名称	知名度	认知度						美誉度		忠诚度
	你是否知道该品牌？A. 是 B. 否	您知道这个品牌主要销售的产品是什么吗？A. 知道 B. 不知道	您知道这个品牌原料地是什么地方吗？A. 知道 B. 不知道	您知道这个品牌的主要广告语是什么吗？A. 知道 B. 不知道	您知道这个品牌的经营风格是什么吗？A. 知道 B. 不知道	您知道这个品牌的价值观是什么吗？A. 知道 B. 不知道		您对该品牌的了解来自如下哪个原因（可多选）？A. 购买中获得的体验 B. 从厂商的宣传物、广告等渠道了解 C. 从他人（非推销员）的介绍中了解 D. 从推销员或促销人员的介绍中了解 E. 从其他渠道了解	您向他人提及或推荐过该品牌吗？A. 从未提过 B. 提过但不是推荐给别人 C. 曾经有推荐过，但次数不多 D. 经常推荐给别人	你是否购买过这个品牌的产品？A. 是 B. 否	您购买过该品牌产品的频率是？A. 就买过一次，之后就再也没买过 B. 买过两次以上，但买的较少，只是偶尔购买，其他品牌的产品买得较多 C. 连续买过三次以上，也购买过其他品牌的同类产品，但该品牌的产品买得比较多 D. 连续买过四次以上，很少购买其他品牌的产品 E. 连续购买该品牌的产品五次及以上
歌莉娅	A B	A B	A B	A B	A B	A B		A B C D E	A B C D	A B	A B C D E

续表

品牌名称	知名度 你是否知道该品牌? A.是 B.否	认知度 您知道这个品牌主要销售的产品是什么吗? A.知道 B.不知道	您知道这个品牌原料地是什么地方吗? A.知道 B.不知道	您知道这个品牌的主要广告语是什么吗? A.知道 B.不知道	您知道这个品牌的经营风格是什么吗? A.知道 B.不知道	您知道这个品牌的价值观是什么吗? A.知道 B.不知道	美誉度 您对该品牌的了解来自如下哪个原因(可多选)? A.购买中获得的体验 B.从厂商的宣传物、广告等渠道了解 C.从他人(非推销员)的,的介绍中了解 D.从推销员或促销人员的介绍中了解 E.从其他渠道了解	您向他人提及或推荐过该品牌吗? A.从未提过 B.提过但不是推荐别人 C.曾经有推荐过,但次数不多 D.经常推荐给别人	忠诚度 你是否购买过这个品牌的产品? A.是 B.否	您购买过该品牌产品的频率是? A.就买过一次,之后再也没买过 B.买过两次以上,但买的较少,只是偶尔购买,其他品牌的产品买得较多 C.连续买过三次以上,也购买其他品牌的同类产品,但该品牌的产品买得比较多 D.连续买过四次以上,很少购买其他品牌的产品 E.连续购买该品牌的产品五次及以上
好孩子	A B	A B	A B	A B	A B	A B	A B C D E	A B C D	A B	A B C D E
歌力思	A B	A B	A B	A B	A B	A B	A B C D E	A B C D	A B	A B C D E
例外	A B	A B	A B	A B	A B	A B	A B C D E	A B C D	A B	A B C D E
雅莹	A B	A B	A B	A B	A B	A B	A B C D E	A B C D	A B	A B C D E
富贵鸟	A B	A B	A B	A B	A B	A B	A B C D E	A B C D	A B	A B C D E
百丽	A B	A B	A B	A B	A B	A B	A B C D E	A B C D	A B	A B C D E
吉祥斋	A B	A B	A B	A B	A B	A B	A B C D E	A B C D	A B	A B C D E
马天奴	A B	A B	A B	A B	A B	A B	A B C D E	A B C D	A B	A B C D E
曼娅奴	A B	A B	A B	A B	A B	A B	A B C D E	A B C D	A B	A B C D E
爱特爱	A B	A B	A B	A B	A B	A B	A B C D E	A B C D	A B	A B C D E
恩裳	A B	A B	A B	A B	A B	A B	A B C D E	A B C D	A B	A B C D E
雅迪斯	A B	A B	A B	A B	A B	A B	A B C D E	A B C D	A B	A B C D E
希色	A B	A B	A B	A B	A B	A B	A B C D E	A B C D	A B	A B C D E
千百度	A B	A B	A B	A B	A B	A B	A B C D E	A B C D	A B	A B C D E

根据不同的要求,选择不同的问卷、问题,在下一章的问卷统计与数据的初算,依据上述调研表进行,所计算的原理一致,结果也相近,只是单一品牌调研的结果更为精确。

4. 品牌术语体系的指标测算方法

4.1 品牌知名度的测算方法

有关知名度的测量有很多成熟的方法，一般采用的最简单的随机样本测量方法。从对受访者询问是否知道某品牌的名称的统计中依据如下公式计算可得。

$$品牌知名度(Z) = \frac{知晓该品牌名称的人数}{受访者总数} \times 100\% \tag{4-1}$$

第 i 层样本的品牌知名度为：

$$Z_i = \frac{j_i}{q_i} \times 100\% \tag{4-2}$$

合并分层，该品牌的品牌美誉度的计算式为：

$$Z = \sum_{i=1}^{n} \frac{q_i}{Q} \times \frac{j_i}{q_i} \times 100\%$$

$$= \frac{1}{Q} \sum_{i=1}^{n} j_i \times 100\% \tag{4-3}$$

z ~ 品牌知名度。

z_i ~ 第 i 层样本的品牌知名度。

j_i ~ 第 i 层样本中的知晓品牌的消费者人数。

Q ~ 消费者总人数。

q_i~第 i 层样本的消费者人数。

在求解品牌知名度值之前，还需要确定目标人群的总数，以及目标人群的结构。按照目标人群的结构进行分层取样，并按照其结构的比例安排调研的样本。式（4-1）只是一个样本的知名度，还需要若干样本的合并才能计算出一个品牌知名度的确切值。

知名度是整个品牌定量分析理论的起点，求法也很简单可靠。只是要求在调研时一定要确保足够的样本量以及调研的真实有效，否则将影响整个度量的准确性。

4.2 品牌平均认知度的度量方法及公式

认知度的调研采用瑟斯顿等距测量法，运用大样本排除干扰，以保证调研的有效性。在测量表的调研问卷中可以设置几个反方向的同类问题供选择，问题也不限于是否知道品牌中的产品，应该包括较为深入的问题，例如：请问"您知道某品牌的主要产品是什么"，或是"某品牌是做什么行业的企业"，能够辨识品牌 logo 等深度不一的问题。并以此为依据将消费者对品牌的认识等额划分成段，称为品牌认知度分段问卷表。

如问卷设计为 10 个由低到高的问题，可将问题 N 等分为若干等距层次，由低至高是消费者对该品牌认知逐次增加的过程，其中某消费者达到任意一个程度表示为 $X_{ir}\%$。即某消费者对一个品牌信息的认知度（$X_{ir}\%$），对 n_i 个消费者所组成的目标市场进行抽样调查可以估算整个目标市场的平均认知度用 $\bar{R}$ 表示。

第 i 层样本的品牌认知度为：

$$\bar{r}_i = \frac{1}{j_i} \sum_{i=1}^{j} X_{ir}\% \tag{4-4}$$

合并分层，该品牌的品牌认知度的计算公式为：

$$\bar{R} = \sum_{i=1}^{n} \frac{q_i}{Q} \times \bar{r}_i \tag{4-5}$$

$\bar{r_i}$ ~ 第 i 层样本的平均认知度。

j_i ~ 第 i 层样本中的知晓品牌的消费者人数。

$X_{ir}\%$ ~ 第 i 层样本中某消费者达到任意一个认知程度。

$\bar{R}$ ~ 该品牌的平均认知度。

Q ~ 消费者总人数。

q_i ~ 第 i 层样本的消费者人数。

4.3 品牌美誉度的测算方法

尽管美誉度的定义是要表达一个有关消费者对某品牌的好感程度，但对美誉度要表达的含义却不是一个简单的百分比。美誉度的发生伴随的是品牌进行自我传播现象的出现。获取美誉度是一个品牌质变的关键环节，与知名度和认知度体现品牌信息数量的指标不同，这是有关品牌质量的指标，只有获得美誉度的品牌才能形成品牌资产。因而，品牌学界一直视品牌自传播现象的发生是品牌塑造成功的标志，也将美誉度的度量和自传播的度量联系在一起。

实务操作中，美誉度的测量只需在平均认知度确定的基础上选定高于平均认知度的消费者样本，并确定其中他们对品牌的认知有多少不是来自厂商的主动传播，视为主动获取或者他们之间的传播，这样求得一个比率作为品牌美誉度。自传播分为正、负自传播，美誉度指的是正自传播。

$\bar{R}$为平均认知度，即样本中消费者对某品牌认知达到的平均水平，选择平均认知度有两层含义，一是这一样本已经排除了偶发等其他原因的消费者，样本中的消费者对品牌都达到了$\bar{R}$水平的认知程度，品牌是这一销售活动的第一动机。二是该样本中有部分消费者的消费动机只是受到厂商广告、公共关系等形式的品牌传播活动的影响，还存在通过消费者之间传播。

即使再优秀的品牌，有口传赞誉的消费者，也会有口传反感的消费者，这两类消费者不能安排在同一样本中同时调研，需要安排两次性质完全相反的样本调研。

美誉度的问题如上一章所示，依靠问卷的排他命题，只把受消费者互相影响的消费者挑出来计算即可。理论计算式为：$\alpha = \dfrac{x}{s}$

实务中，具体操作公式如下：

第 i 层样本的品牌美誉度为：

$$a_i = \frac{x_i}{s_i} \times 100\% \tag{4-6}$$

合并分层，该品牌的品牌美誉度的计算式为：

$$a = \sum_{i=1}^{n} \frac{q_i}{Q} \times \frac{x_i}{s_i} \times 100\%$$

$$= \frac{1}{Q} \sum_{i=1}^{n} \frac{q_i \times x_i}{s_i} \times 100\% \tag{4-7}$$

$\alpha \sim$ 美誉度。

$a_i \sim$ 第 i 层样本的美誉度。

$x_i \sim$ 第 i 层样本中的自传播者数（接受过推荐并有过向其他消费者推荐行为的消费者）。

$s_i \sim$ 第 i 层样本中接受过推荐的消费者数目。

$Q \sim$ 消费者总人数。

$q_i \sim$ 第 i 层样本的消费者人数。

4.4 品牌忠诚度的测算方法

4.4.1 品牌忠诚度的度量思路和分析

定性地研究品牌忠诚，可以把品牌忠诚的表现都进行阐述，如消费者对价格的敏感程度、消费者对竞争者品牌的态度、消费者对出现质量问题时的态度等。消费者在品牌出现质量等问题时的态度上，若顾客对某一品牌忠诚度高，在企业出现问题时，消费者会以宽容和同情的态度对待，相信企业很快会加以处理。若顾客对某一品牌忠诚度低，则一旦产品出现质量问题，顾客就会非常敏感，极有可能从此不再购买这一产品。这些现象确实在一定程度上反映着品牌的忠诚度。但这些现象很难量化，而且这些现象也是附属表现，不必强行度量。

在品牌忠诚的度量上，只对消费者重复购买次数进行分析即可。这足以表达一个消费者对一个品牌的偏好和习惯。其他定性作用的表现，都是建立在该指标之上的。

4.4.2　重复购买率

重复购买，即消费者对某品牌的产品进行的持续性购买行为。在考察消费者消费行为时，第一次购买的原因很复杂，有可能是偶发的，也可能是消费者进行过充分准备后的消费决策，第一次购买对于营销的意义很大，但对于品牌来说仅是一个开始，能否有持续性的重复购买远比第一次购买的意义重大。第一次购买对于品牌而言，相当于消费者获得了品牌信息，该次消费经验成为以后消费决策的参考依据，随着重复购买次数的增加，消费者对该品牌的信息认知程度也越来越大，消费者有可能会改变以往消费的决策习惯而表现出对此品牌的偏好，简化选择决策，不再需要信息，而动摇或改变这一信息需要更多的信息量才能完成。此时，消费者表现出对品牌的忠诚。在一定时期内，顾客对某一特定行业内某一品牌产品重复购买的次数越多，说明他对这一品牌的忠诚度就越高，反之就越低。这样的指标只能是在同类产品中与该行业所有品牌平均购买率水平作比较方有意义，绝对次数在不同行业的产品间比较没有意义。如在实证中发现的珠宝类品牌的重复购买率远远低于餐饮类品牌的重复购买率，品牌产生的作用是在一个行业内不同的品牌间分配收益，离开行业谈品牌是没有意义的。

需要指出的是：这里的重复购买不一定是严格连续，即购买此类产品只要是在持续的发生即可，可以是在若干次购买一种产品时，对某品牌的产品断断续续地达到一定的次数，该次数对于一个消费者来说，应该超过对其他品牌选择的总和即可称为重复。

重复购买还需要一个界限，即在若干次内的重复，若干次内在早期的研究提及过多次，在 Tucker（1964）对营销中消费者表现进行了大量的观察和实证研究，最终提出连续 3 次重复购买同一品牌是品牌忠诚形成的下限，当时所提的 3 次连续是指在第 1 次购买后即出现连续 3 次，但后续研究发现 3 次连续购买的干扰因素很多，不易操作，但这一提法基本遵循了消费者习惯形成的基本规律。后来 Palto（2003）增加了产品卷入度的研究后发现：一个消费者在第 1 次购买后如果 5 次购买都不再购买此品牌的产品，意味着消费者完全放弃对此品牌的选择，可以由此设定忠诚度不发生的上限是 5 次。一个消费者 5 次消费选择基本可以构成一个消费习惯，之后的消费选择与这前 5 次消费选择的结构基本类似。

为此，在不严格的情境下，重复购买认定的条件可以修订为：消费者在第 1 次购买至第 5 次购买某一产品期间，超过 3 次购买的行为即可称为重复购买行为。

4.4.3 品牌忠诚度测算

忠诚度 L 的计算在理论上与重复购买率一致，但也不完全一样，可以将其理解为是重复购买度 a 的函数，理论表达式为：

$$L = F(a) \tag{4-8}$$

a ~ 顾客重复购买度。

F ~ 消费者忠诚度函数。

使用重复购买发生度作为参量，一个重复购买的消费者可能与品牌无关，只是受到渠道的限制，没有其他的选择余地，只能重复购买。

4.4.3.1 品牌忠诚者确认

品牌忠诚度是品牌忠诚者占知道该品牌的消费者的比例。因此，甄别品牌忠诚者就成了品牌忠诚度计算的首要步骤。

因行业不同，每个行业的重复购买均值也差异很大，对一般的快速消费品而言，如食品这些平均重复购买率大于 5 以上的行业，一个消费者是否能成为品牌忠诚者即可由重复购买率替代，即连续消费大于或等于 5 次以上的消费者为品牌忠诚者。而有的行业如冰箱、汽车等耐用大额消费品的行业评价重复购买率都不到 2，这可以视第二次连续购买一个品牌产品的消费者就是品牌忠诚者。

4.4.3.2 忠诚度的计算公式

假设某品牌在某地区消费者总人数为 Q，将该地区所有消费者分成 n 个层次，第 i 个层次选取 q_i 个消费者作为样本，该层次的样本中，有 $Z \times E_i$ 个消费者知晓该品牌。

第 i 层的样本 E_1 个消费者购买过该品牌的产品，有 F_1 个消费者符合品牌忠诚者的条件，该品牌在第一个样本中的忠诚度即为：

$$L_i = \frac{F_i}{E_i} \times 100\% \qquad\qquad (4-9)$$

合并分层，该品牌的品牌忠诚度的计算式为：

$$
\begin{aligned}
L &= \sum_{i=1}^{n} \frac{q_i}{Q} \times \frac{F_i}{E_i} \times 100\% \\
&= \frac{1}{Q} \sum_{i=1}^{n} \frac{q_i \times F_i}{E_i} \times 100\% \qquad\qquad (4-10)
\end{aligned}
$$

L ~ 品牌忠诚度。

L_i ~ 第 i 层样本的品牌忠诚度。

E_i ~ 第 i 层消费者中购买过该品牌产品的消费者人数。

F_i ~ E_i 样本中，符合品牌忠诚者条件的消费者人数。

Q ~ 消费者总人数。

q_i ~ 第 i 层样本的消费者人数。

5. 调研实施与品牌基础数据生成

5.1 样本点选择与调研实施

5.1.1 分层

以进行全国范围的品牌调研为例，调研样本选取地按照城市（或地区）人口数的级别进行分层取样。首先是按照人口将全国所有地区进行分级，如表 5-1 所示。

表 5-1 城市（地区）人口汇总

城市人口等级（万人）	总人口（万人）	城市
1500 以上	7147.77	重庆、上海、北京
1200~1500	3968.66	成都、天津、广州
1000~1200	7312.05	保定、哈尔滨、苏州、深圳、南阳、石家庄、临沂
800~1000	14640.96	武汉、邯郸、温州、潍坊、周口、青岛、杭州、郑州、徐州、西安、赣州、菏泽、东莞、泉州、沈阳、济宁、南京
600~800	20067.57	长春、宁波、阜阳、唐山、商丘、南通、盐城、驻马店、佛山、衡阳、沧州、福州、邢台、邵阳、长沙、湛江、烟台、济南、大连、南宁、上饶、洛阳、毕节地区、昆明、无锡、南充、黄冈、遵义、信阳

续表

城市人口 等级（万人）	总人口 （万人）	城市
500～600	15938.44	台州、揭阳、曲靖、茂名、聊城、常德、新乡、合肥、荆州、六安、德州、襄阳、泰安、玉林、岳阳、达州、宜春、绥化、汕头、齐齐哈尔、金华、宿州、安庆、渭南、昭通、永州、安阳、运城、南昌
300～500	36143.83	绍兴、平顶山、咸阳、亳州、孝感、吉安、漳州、淮安、桂林、怀化、九江、宿迁、开封、泰州、绵阳、惠州、常州、郴州、凉山州、淄博、嘉兴、红河州、宜宾、扬州、江门、吉林、连云港、廊坊、张家口、赤峰、衡水、贵阳、临汾、益阳、许昌、梅州、泸州、太原、贵港、宜昌、喀什地区、滁州、肇庆、抚州、巢湖、株洲、娄底、柳州、湘潭、滨州、枣庄、吕梁、宝鸡、内江、清远、资阳、鞍山、兰州、德阳、濮阳、焦作、厦门、文山州、黔东南州、承德、百色、大理州、汉中、四平、河池、榆林、十堰、长治、大同、恩施、巴中、天水、遂宁、晋中、乐山、黔南州、广安、蚌埠、通辽、锦州、中山、镇江、乌鲁木齐、铜仁地区、钦州、忻州、朝阳
100～300	25294.53	秦皇岛、河源、眉山、汕尾、大庆、湖州、梧州、松原、荆门、呼和浩特、六盘水、韶关、宁德、黔西南州、威海、日照、牡丹江、莆田、铁岭、定西、楚雄、自贡、潮州、包头、南平、安康、葫芦岛、陇南、龙岩、佳木斯、呼伦贝尔、湘西州、漯河、普洱、宣城、保山、三明、广元、伊犁州、咸宁、丹东、临沧、黄石、营口、阳江、阿克苏地区、云浮、商洛、淮南、通化、玉溪、安顺、晋城、延边州、芜湖、三门峡、庆阳、西宁、延安、随州、乌兰察布、抚顺、衢州、丽水、淮北、来宾、平凉、海口、东营、白城、和田地区、崇左、银川、贺州、临夏州、鄂尔多斯、鸡西、辽阳、萍乡、阜新、武威、朔州、本溪、白银、黑河、巴彦淖尔、兴安盟、景德镇、鹤壁、珠海、北海、雅安、张家界、双鸭山、昌吉州、池州、海东地区、盘锦、阳泉、马鞍山、黄山、莱芜、白山、巴音郭楞州、吴忠、丽江、固原、塔城地区、攀枝花、德宏州、张掖、辽源、伊春、新余、西双版纳州、鹰潭、舟山、酒泉、甘孜州、中卫、鹤岗、鄂州、锡林郭勒盟

续表

城市人口等级（万人）	总人口（万人）	城市
100 以下	1830.91	七台河、阿坝州、防城港、铜川、石嘴山、铜陵、日喀则地区、甘南州、三亚、济源、昌都地区、吐鲁番地区、阿勒泰地区、哈密地区、拉萨、怒江州、乌海、克孜勒苏州、大兴安岭地区、海西州、金昌、那曲地区、博尔塔拉州、海南州、迪庆州、克拉玛依、玉树州、山南地区、海北州、黄南州、嘉峪关、阿拉善盟、杨凌示范区、林芝地区、果洛州、阿里地区

表 5 - 1 将国内所有地区 132344.72 万人口分成了九个级别，依据指标精度的要求，可以适当合并相邻层次，也可以对一个级别进行更细的拆分，对同一级别城市的问卷可以合并计算。

5.1.2　调研地与调研点选择

以《2016 中国连锁品牌发展质量调研报告》为例，调研样本选取地按照城市人口数目的级别类型进行分层取样。选择的调研地区为重庆、深圳、杭州、长沙、南昌、咸阳、厦门和阳泉八个地区，覆盖全国所有人口级别类型的地区。每一个调研城市获得的指标，不仅是这个城市的指标，也代表了其所在人口级别内所有城市的指标。如重庆的指标代表了包括上海、北京、重庆三个城市 7147.77 万人的指标。如表 5 - 2 所示。

表 5 - 2　调研城市信息

人口级别	单个地市人口数（万人）	总人口数（万人）	调研城市
I	1500 以上	7147.77	重庆
II	1000～1500	11280.71	深圳
III	800～1000	14640.96	杭州
IV	600～800	20067.57	长沙
V	500～600	15938.44	南昌
VI	400～500	18115.27	咸阳
VII	300～400	18028.56	厦门
VIII	300 以下	27125.44	阳泉

调研地区涉及了华北地区的山西阳泉，中南部的广东深圳，东南地区的福建厦门，西南地区的重庆，华东地区的浙江杭州，几乎涉及全国各地区，涵盖全国一二三线城市，调研样本具有代表性、全面性。

在每个城市或地区调研地，选择具体的调研点应遵循样本尽可能随机的原则，选择有百货商场、超市、社区、街道等，涉及不同生活情况、消费类别的消费者，也有益于随机获取消费者的配合。

调研过程中，项目组成员应按比例选择各年龄段，各层收入群体，不同工作性质，男性和女性进行问卷的填写，保证了调研对象的多样性，防止调研信息不全和缺失。

5.1.3 调研实施

5.1.3.1 调研地的现场操作流程

（1）首先与调研的目标商场负责人取得联系，得到商场的允许，确定桌椅摆放区域。

（2）摆放桌椅、易拉宝等宣传工具。

（3）按照标准购买发放给填写问卷消费者的礼品。

（4）开始采取自愿的方式进行调研。

（5）现场指导消费者正确填写，保证有效问卷的回收率。

5.1.3.2 样本量的确定

（1）总样本量。

理论上一个地区样本达到30份有效问卷以上就有效，但由于消费者类型复杂，一般要10倍于基数。全国范围的调研按照人口级别需将区域分为至少12级别，即至少12个地区的样本，达到3600份以上。当然样本量越大，计算结果越精确。实践中，为了达到初步精确，应该规定至少12~18个分层样本。全国范围的调研，每个地区的样本下应达到1000位消费者才能很好地覆盖所有类型差异，总数不少于15000份。

（2）各层样本量。

按照每个调研城市所代表的城市级别，加总该级别城市的所有总人口数，换算成占全国人口的比例，该比例即为索取样本量的权重，如重庆所在城市级别的人口总数为7147万人，对应的权重数为$\frac{7147}{132344.72}=5.4\%$。

一次全国范围内总数为 20000 份样本量的调研规模下，重庆地区的样本量应该达到 1080 份左右，其他地区调研样本量以此类推。

5.1.3.3　调研数据质量保证的技术措施

（1）问卷设计有针对性。

调研问卷根据上述指标设计的内容进行设计，结合每一项目对品牌数据要求的精度，有针对性和代表性地选择问题。

（2）问卷填写信息真实性和完整性。

对每一位问卷填写者仔细说明填写内容、要求、方法等，对于消费者不理解的内容及时做出解释；问卷收回时检查确认填写信息的情况，确保信息的完整性和有效性，大部分问卷于现场填写，对于消费者在填写过程中出现的问题及时指出并完善；少部分带走填写后交回的问卷，检查无问题后收回，未符合要求者对问卷进行补充填写后再收回。

（3）规范整理。

按样本要求设计好录入表格，完成后的问卷及时交回，在对问卷进行归类后，由录入人员按要求对数据进行录入后，得出最终计算所需数据信息。

5.2　录入计算与数据生成

为方便使用者录入，本书的研究团队开发了相应的品牌管理系统软件在线版，后附详细使用说明，可供录入计算，请读者自行查阅（www.7987509.com/dl/login）。

用户可自己定制方案，设计随机检验制度、部分问卷的答案要调换位置、日录入量要有上限等技术手段确保录入信息的完整和正确。计算完毕的数据要有抽检复查的安排，异常数据需核对。

5.2.1　基础数据表

录入后的问卷经过整理和上述方法的计算，就可以生成某品牌的知名度、认知度、美誉度、忠诚度四个基础数据，形成表格，表5-3即该品牌的基础数据。

表 5-3 某品牌基础数据

人口级别	人口数（万人）	调研城市	知名度（%）	认知度（%）	美誉度（%）	忠诚度（%）
Ⅰ	7147.77	重庆	50.85	1.69	12.22	0.00
Ⅱ	11280.71	深圳	33.42	4.15	5.43	1.55
Ⅲ	14640.96	杭州	36.26	5.26	14.52	0.00
Ⅳ	20067.57	长沙	39.94	1.52	10.69	2.29
Ⅴ	15938.44	南昌	13.46	0.48	16.07	3.57
Ⅵ	18115.27	咸阳	47.88	3.97	13.61	2.96
Ⅶ	18028.56	厦门	40.00	5.71	7.14	0.00
Ⅷ	27125.44	阳泉	45.90	3.28	14.29	3.57
总计	132344.72	全国	38.69	3.31	12.05	2.05

5.2.2 各指标的全国平均值

全国平均知名度、全国平均认知度、全国平均美誉度和全国平均忠诚度，是以各个级别人口数确定的权重，进行计算求得的加权平均值。

以全国品牌知名度为例：

$$\bar{Z} = \sum_{i=1}^{8} q_i \times Z_i$$

$$\bar{Z} = \frac{7147.77}{132344.72} \times 50.85\% + \frac{11280.71}{132344.72} \times 33.42\% + \frac{14640.96}{132344.72} \times$$

$$36.26\% + \cdots + \frac{27125.44}{132344.72} \times 45.90\% = 38.69\%$$

其他数据同理可推（全国平均值以全国城市人口数分层加权平均求得，对其他范围的调研与计算同理适用）。

5.2.3 基础数据的进一步展开

表5-3确切描述了某品牌在各个地区的知名度、认知度、美誉度和忠诚度，这四个指标是对一个品牌在某地区的基本数据，可以精确地描述出各个地区的消费者对一个品牌的态度。每个指标都可以展开获取更

多的数据。以某品牌的知名度和忠诚度的数据展开为例,对问卷内消费者再次进行深度挖掘,能够获得更为充分的消费者分类信息。

案例:进一步挖掘某品牌的基础数据

以某品牌的基础数据为例,对其进行进一步的挖掘,各地基础数据的知名度可以反映出销售覆盖面的消费者人数,且可以换算出知晓该品牌的消费者人数;忠诚度可以换算出新消费者、偶然消费者、弱偏好消费者、强偏好消费者和品牌忠诚者的人数。销售覆盖面消费者人数减去新消费者、偶然消费者、弱偏好消费者,强偏好消费者和品牌忠诚者的人数,即可得潜在消费者人数。

某品牌消费者分类

调研时间	知名度	忠诚度	销售覆盖面的消费者人数(万人)	知道该品牌的消费者人数(万人)	购买过该品牌产品的人数(万人)	新消费者人数(万人)	偶然购买者人数(万人)	具有偏好以上的消费者人数(万人)	具有强偏好以上消费者人数(万人)	忠诚消费者人数(万人)
2017 年 5 月	34.88%	1.50%	23083.94	8051.68	3128.96	162.31	2164.12	802.53	574.40	346.26

若连续调研,可以获得该品牌两年以上的数据,将数据进行对比,将可获取更多信息。通过结合销售数据,还可以将每一类消费者的数据继续展开,见下表。

某品牌各类消费者贡献

	总销售	新消费者贡献销售额	偶然购买的消费者贡献销售额	具有弱偏好的消费者贡献销售额	具有强偏好的消费者贡献销售额	忠诚消费者贡献销售额
贡献比例(%)	100	0.88	23.38	21.52	21.52	32.66
销售额(亿元)	67.890	0.595	15.870	14.610	14.610	22.170

通过与财务、销售等数据的结合,品牌数据可以挖掘出大量有用的信息,为企业决策提供精确的分析依据,有重要的参考价值,具体方法在后面的章节里逐次阐述。

第 2 部分　品牌数据的初步分析方法

　　通过第一部分的方法获得的品牌经营数据也称品牌基础指标，且都是绝对值，每个指标都是对品牌一个侧面的描述，每个指标在不同的阈值内都体现着品牌不同的性质和作用。它们之间存在着极为深刻的相关关系。

　　本书第 6 章将着力研究各个指标的有效范围、关键阈值；第 7 章系统阐述品牌各个基础指标之间的相关关系。

6. 指标的阈值及其性质的判定

品牌基础指标在特定阶段是有明显的有效域存在的，低于这些阈限的下限，品牌在这个指标是没有明显作用的。每一个指标阈值都应该有着明确的阈限，但这些有效域会因行业的不同而不同，所以分析起来非常复杂。本书仅通过对现有 13 个行业的 844 个品牌的数据进行实证分析，可以初步测定一些比较明显的阈限范围和评价标准，但不够精确。

阈限的测定遵循消费者感知阈限的测定方法，以 50% 的消费者感知到某个品牌的刺激存在所需的指标值为阈限临界值，或称品牌某指标的绝对阈限。

6.1　知名度的有效范围

6.1.1　知名度有效阈限的测定

阈限的测定在操作上的原理很简单，取中位数感知程度为绝对阈限，具体是指有 50% 的消费者能够达到感知的值。例如，以某一强度的声音刺激受测者 20 人次，其中有 10 人次能引起反应，10 次未引起听觉反应，这个声音的强度就是该被测者的听力绝对阈值。

同理对知名度有效阈限的测定也遵循消费者阈限测定原理。采用现场访谈的方法进行，对 21 个包装、价格相近的同类产品的品牌依序进行消费者感知测评，受访消费者632人（见表6-1）。

表6-1　品牌知名度有效阈限的测定

品牌	知名度（％）	消费者是否有进一步了解品牌信息的意愿			消费者是否会购买该品牌的产品		产品价格（元/块）
		有	不确定	无	会购买	不会购买	
A品牌	0.44	3	14	615	48	584	3.2
B品牌	0.91	11	25	596	61	571	3.15
……	……						……
U品牌	72.33	529	19	84	593	39	5.5
均值	13.36	158.96	31.86	441.17	203.92	428.08	4.27

在品牌J（知名度4.16%）、K（知名度4.85%）、L（知名度5.07%）的列3均值为（308.67、17.67、306.33），列4均值为（311.33、320.67）达到接近中位数，此时的品牌知名度均值为4.69%。

上述实验的结论可以理解为：品牌知名度的有效阈限下限为4.69%，知名度低于该下限的品牌有50%不能引起消费者有进一步了解品牌信息的意愿，也不会购买该品牌的产品。

由于样本量有限，测算的结果并不精确，还需要继续进行补充研究。但知名度有效阈限接近4.69%。

6.1.2　知名度的阈值范围与性质

一个企业的商标在获取极高知名度的过程中要经历五个关键点、六个性质迥异的阶段，品牌在每个阶段的作用也都是不同的。这些关键点的测定与上述对品牌知名度有效阈限的测定方法基本类似，都以消费者50%对品牌下一阶段性质能够感知为绝对阈限。关键点之间称为品牌阈值范围，代表了某个知名度阈值范围内，不同的品牌具有相同的作用和性质，表现相近。

（1）$Z \leq 4.69\%$。

知名度一直长期处于4.69%之下的商标，应该是企业没有为获得企业知名度做过专门的努力，之所以有少许知名度是因为营销过程中消费者对产品有体验而自然获取的知晓，这一知名度几乎没有影响力，对消费者产生的影响微乎其微，甚至都不能成为营销使用的工具，企业可能仍处于追求销售数量的阶段，营销依然依靠渠道、产品、价格等非品牌的营销工具。此阶段的知名度性质和作用极其微弱。

因为知名度是相对范围的知名度，在确定知名度性质的时候一定要前缀具体范围，一个很小区域内的品牌，在该区域内的知名度很高，但放置于较大区域时知名度很小，对全国而言可能就微乎其微了。

大部分的老字号具有很强的地域性，在所在地区的知名度很高。但使用和购买该品牌产品的往往集中在所在地区，其他地区消费者对该品牌知之甚少，放置全国知名度就很低。例如："便宜坊"在北京的知名度达到38.13%，在当地很有名。但除北京外的其他地区消费者对其很陌生，全国知名度仅为1.30%。可以说该品牌在北京获得了较高知名度，但于全国范围而言，该品牌知名度知名度很小，影响力微乎其微，是个典型的区域品牌。

（2）$4.69\% < Z \leq 16.13\%$。

知名度的第一个关键点是4.69%左右。当知名度突破了4.69%之后，商标的性质开始发生变化，知名度处在4.69%~16.13%的商标一般都是企业专门进行过获取知名度的努力，这一阶段的知名度很难自然获得的，俨然商标进入了成为名牌的过程，企业在进行获取品牌的努力。但仅靠知名度使商标成为品牌是远远不够的，商标成为品牌的关键是获得一定的美誉度，知名度只是美誉度之前的一个过程。

知名度在这一阶段的性质已经生效，对营销起到明显的促进作用，超过半数的消费者有进一步认知的意愿，也表现出同类产品购买的偏好。但这一偏好表现的还是比较微弱，仅限于同质同价、近似包装的选择中出现较为明显偏好，对异质异价甚至风格不同的同类产品的影响都不明显，应该说此阶段的知名度对营销的作用仍是有限的。

商标获得了4.69%以上的知名度时，即可称之为"名牌"，意为有一定知名度的牌子，这个牌子指的是商标，具有一定知名度的"名牌"就开始对营销构成了一定的作用，商标成为了一项营销工具。

（3）$16.13\% < Z \leq 37.50\%$。

知名度的第二个关键点是 16.13% 左右。这个关键点意味着当知名度达到 16.13% 时，半数消费者对其已有较深认知，表现出在对异质异价，甚至风格不同的同类产品都有明显的购买意愿，形成了品牌偏好。

当商标的知名度突破了 16.13% 之后，商标开始出现大范围的消费者认知，对产品和企业以及品牌内涵等信息开始有相当部分的消费者具有了较深的理解和认知，可以说此时的商标具有了相当良好的消费者知晓基础，开始出现深度认知。这一阶段知名度的增加是伴随认知度、美誉度增长的，品牌对营销的促进作用较为明显。

（4）$37.50\% < Z \leq 61.80\%$。

知名度的第三个关键点是 37.50% 左右。这一关键点表现为半数以上消费者出现对其表示非常熟悉，不仅认知程度深，而且能够辨识 logo，能够大致描述广告内容、品牌内涵或产品风格，产生了明显的消费者区隔，若有相应的认知度，该商标一般会具有一定程度的联想度，使品牌延伸成为可能。

此时的商标具有了对消费者选择偏好的影响力，其性质为有用的竞争工具，在竞争中的作用明显。

（5）$61.80\% < Z \leq 84.45\%$。

知名度的第四个关键点是 61.80% 左右。达到 61.80% 以上的商标可以称之为高知名度商标，具有了充分的消费者认知和联想的基础，若有充分的认知度基础，则极有可能产生自我传播现象。半数以上的消费者表现出明显的选择偏好，在无提示情境下同类产品的购买选择中，半数以上的消费者会把这一阶段知名度的品牌作为主要选项。

此时品牌具有的知名度已经足够饱和，以提示型方式作为传播内容为主，以维持知名度为目的，品牌管理的重心可以放在公共关系活动等促进美誉度的形成和发展的内容上，广告类活动的密度可以逐步减小，无须过多投入精力。

（6）$84.45\% < Z \leq 100.00\%$。

知名度的第五个关键点是 84.45% 左右。达到 84.45% 以上的商标获得了极高的知名度，成为大众耳熟能详的商标。此时该商标在行业内颇具影响力，超过半数的消费者对其广告或品牌内涵非常熟悉。

具有此阶段知名度的品牌若有充分的美誉度支撑，一般都有较高品牌忠诚度，意味着该品牌具有很强的抗风险能力和较高的重复购买率，品牌不易衰减，即使不再使用广告，品牌依然会在消费者中长期存在。

知名度达到 100% 时，意味着消费者全都知晓该品牌，无一例外。

6.2 认知度的有效范围

6.2.1 认知度有效阈限的测定

认知度有效阈限是按照半数消费者能否产生品牌联想的绝对阈限来测定的。

操作上，与知名度有效阈限的测定方法类似，对认知度有效阈限的测定也遵循消费者阈限测定原理。采用现场访谈的方法进行，对 51 个知名度大于 5% 以上，且包装、价格相近的同类产品的品牌，依序进行消费者感知测评，受访消费者 632 人。

测定内容修正为 50% 消费者能够在无提示情境下，对同类产品的购买选择中，把该品牌作为主要选项（见表 6 - 2）。

表 6 - 2　认知度有效阈限的测定

品牌	认知度（%）	无提示条件下，是否把该品牌作为购买产品时的主要选项			知名度（%）
		是	不确定	否	
品牌 1	0	0	29	603	5.49
品牌 2	0.50	0	25	607	5.95
……	……				……
品牌 51	22.93	611	0	21	63.63
均值	9.22	384.31	16.90	230.78	23.88

在品牌 18（认知度 1.81%）、品牌 19（认知度 1.89%）、品牌 20（认知度 1.90%）的列 3 均值为（307.33、21.33、303.67），接近中位数，此时的品牌认知度均值为 1.87%。

上述实验的结论可以理解为在品牌认知度的有效阈限下限为 1.87%，认知度低于该下限的品牌，有 50% 的消费者无提示条件下不会把该品牌作为购买产品时的主要选项。

认知度阈值测定与知名度阈值测定是对同一组消费者样本进行的测定，由于样本量有限，测算的结果有效但并不精确，还需要继续进行补充研究。

6.2.2 认知度的阈值范围与性质

认知度的阈限范围不独立存在，单纯地研究认知度绝对值没有意义，即不存在脱离知名度而存在的认知度，认知度的阈值是相对于知名度的情况而确定的。因而认知度的阈值是与知名度的比值，其结果可以简单地分为有效和效果不足两种。

根据上述实验原理，并按照知名度的阈值对认知度进行反复测算，可得：只要认知度达到知名度的 40% 以上均为有效。认知度达到有效阈限的含义是指品牌在获得知名度的同时获得了有效传播，半数以上的消费者不仅知晓，而且还了解品牌更多的知识和信息，了解的程度对消费者产生了有效的影响，此时的认知度是有效下限。结合上述两次实验的结果，认知度有效阈限 1.87% 约为知名度 4.69% 的 40%。意味着获得 4.69% 以上知名度的品牌，认知度获得 1.89% 以上为有效认知，说明获得知名度的传播同时获得了消费者对品牌的有效认知；反之，如果认知度低于 1.89%，意味着品牌通过营销获得了少许消费者的知晓，但消费者并不知道更多的品牌信息，没有获得应有的传播效果。

将认知度有效阈限在 40% 的知名度左右，简单分成有效和效果不足在阈值定性上是明显有瑕疵的，毕竟这只是一个样本量不大的估算。实际操作中，一般把认知度的阈值范围分成三个定性部分，认知度和知名度比值低于 1/3 为品牌传播效果不足，高于 1/2 为品牌传播效果充分，介于两者之间的为传播效果一般。即：

$$a = \frac{r}{z} \qquad\qquad (6-1)$$

$r \sim$ 认知度。

$z \sim$ 知名度。

情况①$\alpha \geq 0.5$ 认知度有效，传播效果充分。

情况②$0.33 < \alpha < 0.5$ 认知度一般，传播效果一般。

情况③$\alpha \leq 0.33$ 认知度不足，传播效果不充分。

如某品牌获得 5% 的知名度，认知度的有效范围是知名度的 40%，即 2% 以上的认知度才是有效的，2% 以下的认知度是无效的。某品牌获得 40% 的知名度，认知度应在 16% 以上，低于 16% 的认知度是效果不足的、但有效。认知度的性质完全取决于它和知名度的比值，而与其绝对值的大小关系不大，其他认知度以此类推。

6.3 美誉度的有效范围

6.3.1 美誉度有效阈限的测定

美誉度字面的意思来自消费者的赞许程度，但消费者的赞许程度是很笼统的概念。即使一个消费者对某品牌非常赞许，如不能影响其他消费者，这个赞许也仅表现为一个消费者的消费行为，仅可以增加消费者的消费数量或连续程度等，但这些都是微小的影响。对品牌来说，美誉度最重要的作用是产生赞许的消费者对其他消费者的影响，这是品牌美誉度测定的核心。因此，品牌美誉度的测算就是对品牌自传播能力的测度指标，这是品牌管理当中最为重要的指标。

应该说美誉度的积累是基于消费者深度认知的结果，一旦具有认知的消费者成为自传播点，可以产生的放大与扩散效果会非常明显，但自传播点过少很难产生扩散效应，这个关键点即为扩散效应的拐点。

实际操作中，与知名度和认知度的有效阈限的测定方法类似，对美誉度有效阈限的测定也遵循消费者阈限测定原理。采用现场访谈的方法进行，对 66 个美誉度不为 0 的品牌，依序进行消费者感知测评，受访消费者 330 人（见表 6-3）。

表 6-3　美誉度有效阈限的测定

品牌	美誉度（%）	消费者是否接收到其他消费者对该品牌的推荐		消费者是否有向其他消费者推荐的意愿	
		有	无	有	无
品牌 1	0.02	1	329	0	330
品牌 2	0.17	0	330	0	330
……	……				
品牌 66	45.58	264	66	187	143
均值	9.21	196.20	133.80	106.39	223.60

在品牌 37（美誉度 1.51%）、品牌 38（认知度 1.66%）、品牌 39（认知度 1.7%）的列 3 均值为（166、164），接近中位数，此时的品牌美誉度均值为 1.62%。品牌美誉度低于 1.62%，意味着大于一半的消费者没有接收到其他消费者对自己推荐过这个品牌。

在品牌 52（美誉度 26.39%）、品牌 53（美誉度 28.45%）、品牌 54（美誉度 28.88%）的列 4 均值为（169、161），接近中位数，此时的品牌美誉度均值为 27.91%。品牌美誉度大于 27.91%，意味着有半数以上的消费者出现向其他消费者推荐该品牌的意愿。

有效美誉度的绝对阈限在 1.62% 左右。由于样本量有限，测算的结果有效但并不绝对精确，还需要继续进行补充研究。

6.3.2　美誉度的阈值范围与性质

由前文的实验确定的关键值，将美誉度 a 的阈值性质划分为三个阶段。

（1）$0 \leq a \leq 1.62\%$。

美誉度处于 0~1.62%，属于效应极低的范围。这一阶段出现了部分消费者的推荐性口碑，是正自我传播现象，有少量消费者或媒体在自行进行消费者或媒体间的传播和推荐活动。但数量很低，不具有明显的影响力，但非常重要。

美誉度为 0 则意味着消费者当中没有自传播者，消费者对它无偏好。即使商标获得了相当程度的知名度，美誉度为 0 的时候，也不能称之为品牌，充其量成为名牌。

（2）$1.62\% < Z \leq 27.91\%$。

1.62% 是美誉度的第一个关键点，突破这个关键点后，消费者的口碑作用开始凸显出来，消费者偏好开始越来越明显，消费者之间的传播也越来越多。这个阶段属于有效自传播效应发生时期，在这一时期内的品牌，极容易发生品牌自传播骤增现象，但每个品牌的骤增点并不确定。

（3）$27.91\% < Z \leq 100\%$。

美誉度为 27.91% 是自传播效应发生的上限。美誉度超过 27.91% 以上的品牌，一般都会自发出现强烈的品牌自传播现象，达到目标消费者产生重复购买的集体偏好，品牌甚至会成为某种生活方式的标志符号，品牌口碑溢出效应明显。

一个品牌在知名度增加的情况下，受众人群也在不断地扩大，自传播消费者的人数虽然增加，有时这一增加的速度不及受众人数的增速，也会出现美誉度的下降，这是正常的情况。美誉度是处于波动状态的。美誉度积累的速度具有马太效应，开始积累的过程很慢，一旦条件成熟，美誉度会出现马太效应式的骤增，这一关键点因品牌而异，有的品牌这一关键点位置很低，甚至和下限都很接近，有的品牌则需要很高的美誉度才会出现拐点发生骤增现象。

美誉度的极值理论上可以达到 100%，即所有消费者都认可并积极向外传播推荐，但实际上美誉度达到一定高度时，消费者口碑传播会出现高幅度的重复，约为 1/3 的目标人群成为口碑传播者即达到上限，超过 1/3 之后的绝大多数品牌都会发生自传播效应的快速扩散现象，出现高幅度的品牌忠诚者。

6.4 忠诚度的有效范围

品牌忠诚度是与品牌时效性有关的一个重要参数。从经营的角度看，品牌具有较高的忠诚度，则标志着消费者偏好和消费习惯的产生和趋于成熟。因此，即使在有销售的情况下，品牌忠诚度为 0 的情况也是普遍存在的，意味着消费者的购买都是单次购买，没有发生过重复购买的现象。

品牌忠诚度测算就是消费者的重复购买率的测算，对品牌忠诚度有效阈限的测定，就是在品牌忠诚度达到多少时，有 50% 以上的新消费者第一次体验该品牌的产品能够产生继续购买的意愿。

实际操作中，对品牌忠诚度有效阈限的测定也遵循消费者阈限测定原理。采用现场访谈的方法进行，对 30 个忠诚度不为 0 的食品品牌，依序进行消费者感知测评，受访对象 71 人（见表 6 – 4）。

表 6 – 4 品牌忠诚度有效阈限的测定

品牌	忠诚度（%）	新消费者第一次体验该品牌的产品，是否会产生继续购买该品牌产品的意愿		
		是	不确定	否
品牌 1	0.12	19	14	38
品牌 2	0.51	4	25	42
……	……			
品牌 30	6.19	31	2	38

感知测评选用的是 30 个小食品品牌的产品，消费者进行品尝后决定是否继续购买，实验以品牌忠诚度自高向低排序，但实验结果反映不出明确的规律，无法确定中位数。在实验设计中，已经对食品口味、包装等其他因素的影响进行了排除，尽可能选择口味、包装、价格档次近似的品牌。

因此，品牌忠诚度可能不存在有效无效问题，可以说只要有忠诚度，无论高低都是有效的，忠诚度可以为 0，意味着没有消费者重复购买，消费没有连续；也可以高至 100%，意味着绝对忠诚，意味着消费者对其他的品牌严格排斥，重复使用一个品牌的商品，且极容易被延伸使用至其他商品，无论产品门类的差别有多大。

在其他与忠诚度与时效性的实证分析中，忠诚度确实也没有出现明显的拐点，即忠诚度只要非 0 就是有效的，是在一定程度上减弱品牌信息衰退的重要参数。

品牌经营指标的阈值性质由关键点为界，表现出的作用和性质明显差异，具体测定时，每个品牌又会因行业特点、产品类型、所处阶段等因素不同会有所差别，但它们的基本规律一致。阈限反映的是消费者感知规律，普遍适用于产品或服务直接面对消费者的品牌，其他类型的品牌具体值会有所调整，另行研究。

7. 品牌经营指标结构

7.1 指标间关系的分析

品牌经营指标之间存在着显著的关联，它们之间的关系可以用比值来表达，也可以用绝对值来比较。

7.1.1 知名度与认知度的关系

认知度和知名度之间的关系在认知度的阈限测定时已经有所介绍，大部分的品牌对认知度和知名度的比例都比较看重，因为两者的比值反映了品牌传播的效果问题。认知度与知名度的比值太低则反映出厂商的品牌传播可能只是依靠硬广告的结果，是一味地获取了知名度或加深印象而已，消费者对其品牌内涵并不认知，尤其对于已经获得较高知名度的品牌，只是能够做到令消费者耳熟能详。

如《中国连锁品牌发展质量报告 2014》中，安奈儿品牌知名度为 32.62%，但当时的认知度只有 7.02%，认知度与知名度的比值仅为 0.22，没有达到消费者感知实验的下限，意味着传播令 1/3 左右的消费者知晓该品牌，但大部分消费者仅限于知晓该品牌，对品牌的产品、风格、内涵等了解不足。

相当多倚重广告的品牌表现出这样的结果，广告的效应也是递减的，最后会产生"广告费大半都是白花的"感觉。

两者之比值高于 0.5 以上最好。在较低知名度下，品牌的认知度应该在 0.5 以上，而较高知名度的品牌认知度略低于 0.5 也可以，但低多了不行，两者比例的下限是 33%。即认知度最好能够处于知名度的一半以上，这样的品牌在传播上具有有效传播的途径或容易被消费者认知的内容。能够获得高于半数知名度的认知度，说明其传播效果是非常好的，消费者能够对品牌进行更多的了解，为之后的美誉度奠定非常好的认知基础。认知度略低也可以，但不能低太多，过低的认知度就失去了对美誉度形成的支撑作用，同时也可以认定现有的传播效果与成本不成比例，传播的作用会大打折扣，需要及时调整传播内容和传播途径。如海澜之家的品牌数据，2014 年的知名度为 78.69%，认知度为 37.31%，两者比值为 0.47，略低于 0.5，但在很高的知名度下，认知度略低一些也是正常的，可以认定该传播的内容获得了消费者较好的认知结果。而江南布衣品牌 2016 年的基础数据显示（见表 7 - 1）：该品牌的全国平均知名度为 18.01%，而认知度仅为 1.73%，两者比例为 9.6%，说明消费者对该品牌的内涵认知不足。

表 7 - 1　江南布衣知名度、认知度

调研城市	知名度（%）	认知度（%）
重庆	19.77	1.13
深圳	15.03	2.85
杭州	27.49	5.85
长沙	17.07	1.22
南昌	12.74	1.20
咸阳	26.35	1.42
厦门	10.00	0.00
阳泉	17.21	1.23
全国平均	18.01	1.73

认知度与知名度的测算比较简单，两者关系也很明确，是用于判断品牌传播效果的重要考量指标。

7.1.2 认知度与美誉度的关系

消费者对品牌的认知是自传播发生的基础，没有足够的认知基础，品牌很难发生自传播现象，即使依靠高知名度或其他优势获得了一些赞许或口碑，但没有充分认知的美誉度也是难以为继的。品牌结构需要认知度基础上的美誉度。

美誉度在自我传播计算中会出现正负两种情况，正自传播能力一般会小于负自传播能力，负的自传播速度也远高于正的自传播速度，俗话说"好事不出门，坏事传千里"就是这种现象的印证，而品牌需要的口碑是正自传播，正自传播与消费者对品牌的认知情况存在显著的关联，为了验证此关系的存在，并寻找两者的确切关系，对153个品牌的认知度、正负美誉度分别进行了拟合关系分析。探知的结论如下：

美誉度在高于认知度的时候，负自传播没有出现明显的外溢影响。而美誉度低于认知度的时候，负自传播的影响就不容忽视。这意味着品牌认知度和美誉度存在一个拐点，使得负自传播的影响凸显。这个拐点在现有品牌数据中并没有通过实证确切地反映出来，但可以对两者有个大致的判断，即美誉度高于认知度的时候，负自传播不会显现。

将美誉度和认知度的关系简化分成高于、接近、低于三种情况分别论述，结合上述分析结果，可以将两者的关系厘清。

第一种情况：美誉度与认知度接近。

品牌最好的情况是对品牌有充分认知的消费者都变成了品牌的口碑传播者，这是消费者对该品牌的产品或服务相当满意，并向其他消费者推荐的结果。数据则表现为某些消费者对品牌有着充分认知后，100%地转变为自传播点。这时无论认知度多少，美誉度都是100%。因为自传播效果有着很大的重复，所以在计算时往往只计算推荐而不计算推荐结果，即只计算有多少消费者向其他消费者推荐，而不计算有多少消费者受其他消费者推荐而来，所以，真实的美誉度会比理论值低很多，大致在两者接近的时候就应该表现为：有着较深认知的消费者充分转化为口碑传播者，此时的负自传播已经没有明显的影响了。

因此，认知度和美誉度较为理想的关系是：两者接近且美誉度略高于认知度的情况是最好的。

第二种情况：美誉度明显高于认知度。

这种情况的发生是消费者对品牌认知不足时出现了大量自传播现象。这种现象在以前是很难出现的，但现代媒体对消费者的影响是巨大的，尤其是自媒体的出现。自媒体与口碑的自传播在形式上很接近，区别仅在于自传播是消费者之间的口口传播，而自媒体介于消费者和媒体之间，也是消费者的口传，但影响面远比一个消费者的口传要大得多，但又小于专业媒体。消费者会受到某些类似自媒体的影响，在没有品牌体验的前提下，就会出现次级自传播现象，出现美誉度明显高于认知度的情况。也可能是消费者接收到其他品牌信息，如国家品牌或产地信息等，先形成了刻板印象的原因，也会出现没有认知即产生自传播的现象。

从整个品牌管理看，这些情况都并不是坏事，但单纯从品牌结构看，没有充分认知的品牌美誉度并不稳定，极容易流失，造成品牌结构的大幅变化，危害品牌结构稳定。

有一类特殊的美誉度远高于认知度的情况，在品牌创建的起点选择上，有个别品牌会选择从品牌美誉度开始创建，没有品牌传播的情况下，即没有知名度和认知度的情况下，就开始以美誉度为目标进行品牌创建。如小米、江小白、微信、脸谱网等，在品牌认知度极低的情况下获得极高美誉度，但这类品牌开始往往是针对小众市场，因目标消费者数目较少，直接消费者很有限，即使形成较高的美誉度，但同时大众消费者的知名度很低。后期传播不断放大，不仅获得了自传播效应，也获得了较高知名度和认知度。这种美誉度创建起点风险很高，大部分品牌很难获得自传播效应，品牌信息可复制但不稳定，消费者自传播的现象不能持久。

第三种情况：美誉度明显低于认知度。

美誉度远低于认知度的情况比较常见，是消费者对品牌内涵的认知没有形成对该品牌的赞许或口碑。若认知度较高，则是消费者有着比较充分的认知，但因为产品或服务的质量没有形成体验后的满意，或因其他品牌干扰，使得消费者即使充分认知也没有进入自传播的程度。若认知度本身不高，美誉度更低，则意味着品牌结构还没有形成，品牌还没有形成对销售有效的支持和促进作用。

前期进行大规模广告的品牌非常容易出现这类情况，如果广告效果不是很理想，往往是获得较高知名度，较低认知度和更低的美誉度。高频次的广告重复不会增加美誉度，知名度的递增有极限，认知度与知名度保持相应比例，最终结果是广告效果的递减。美誉度离不开认知度的支撑，受认知度支撑的美誉度往往是依靠品牌的产品质量或服务获得的，是来自消费者的深度体验获得，是稳定可复制的信息类型，对企业品牌是有益于自传播发展的。

7.1.3 美誉度和忠诚度的关系

美誉度与忠诚度之间的关系最为微妙，美誉度代表了消费者对品牌的赞许程度、忠诚度则是消费者对该品牌产品的重复购买程度，忠诚度是唯一一个与销售有关的品牌数据，因此，美誉度与忠诚度的关系相当于是由知名度、认知度和美誉度形成的品牌结构，对销售的支撑作用的研究。

美誉度与忠诚度的关系也可以简化为"大于""小于"和"相近"三种关系，"大于"指的是"明显大于"，"小于"指的是"明显小于"，如下分别论述。

（1）美誉度与忠诚度的相近关系。

美誉度和忠诚度之间最好的关系是"约等于"。品牌正常情况下的美誉度和忠诚度两者的绝对值应该基本接近，差距不大为好。如忠诚度再比美誉度略高一些更好，此时说明自传播能力有溢出，相当部分的自传播或称口碑者有重复购买行为，这使得知名度、认知度和美誉度三项指标形成的品牌指标结构能够在营销中充分发挥作用，使得厂商在企业经营中，能够充分运用品牌作为营销工具。

忠诚度里包含着重复购买率等重要指标都与销售有关，忠诚度不能实现与美誉度的同增同减，是品牌在营销环节难以发挥作用的主要表现。

案例：八马品牌的美誉度约等于忠诚度的现象分析

八马茶业旗下有安溪八马茶业有限公司、深圳八马茶业连锁有限公司、厦门八马茶业有限公司。该品牌最大特点是美誉度和忠诚度同增同减，且两者基本相近。

2014 年八马品牌基础数据

八马	知名度（%）	认知度（%）	美誉度（%）	忠诚度（%）
2014 年	12.93	4.34	11.93	12.26

案例分析：八马品牌的美誉度和忠诚度相近，且实现了同增同减，意味着该品牌的口碑很大程度上实现了向销售能力的转移，消费者偏好和消费习惯形成下的品牌结构对企业营销的支持作用明显。

（2）美誉度大于忠诚度的关系。

美誉度远大于忠诚度时，品牌会出现品牌自传播能力无法向重复购买率转移的问题，虽然厂商为品牌的口碑付出极大努力和投入，但却无法在营销中获得相应的收益。有时尽管前三项指标形成了不错的指标结构，但最终该结构的作用发挥不出来，其原因可能都与品牌忠诚度过低有关。

如下以伊丝艾拉的品牌指标结构为例，阐述这一关系在实际中的表现。

案例：伊丝艾拉品牌的美誉度远高于忠诚度的现象分析

深圳伊丝艾拉服饰有限公司是一家专门从事中高档内衣产品的品牌规划、设计开发及营销策划的设计服务公司，是目前国内首家唯一具备专门提供内衣设计研发的咨询公司。伊丝艾拉品牌在全国各个城市的指标差异较大，属于小规模的区域性品牌。

该品牌的突出优点是在其所在地区深圳有着较高的知名度和很高的美誉度，前三指标的结构基本合理，且获得了消费者的口碑，但忠诚度明显偏低。

2015 年伊丝艾拉品牌基础数据

伊丝艾拉	城市	知名度（%）	认知度（%）	美誉度（%）	忠诚度（%）
2015 年	深圳	20.15	8.06	42.28	4.50

案例分析：该品牌确实得到相当数量消费者的喜爱和认可，也形成了相应的自传播能力，但可能是由于发展方向或发展方式存在问题，这一可贵的口碑并没有转换成有效的营销业绩。厂商为品牌美誉度付出极高的成本和投入，但因未能形成充足的重复购买率而无法将这一优势转化为销售收益，最终导致了忠诚度的严重不足从而出现经营中的收益与维系品牌高质量水平成本之间的不成比例现象，致使品牌结构在经营体系中对销售的支撑作用非常有限，品牌抗风险能力较弱，容易出现企业危机。

（3）美誉度小于忠诚度的关系。

美誉度远小于忠诚度时，品牌未能获得足够的自传播能力或口碑，却获得了较高的重复购买率，一般在营销环节很顺利。但低美誉度下的高忠诚度说明这一销售成果可能不是因为品牌的原因形成的，而是另有其他原因，诸如价格、渠道、促销等其他途径或工具，相对较低的价格也可以带来较高的重复购买率，或渠道唯一也可以获得很高的重复购买率，使品牌在低美誉度情况下忠诚度却很高，但这并不是品牌指标结构的作用。

如下以茜施尔的品牌指标结构为例，阐述这一关系在实际中的表现。

案例：茜施尔品牌的美誉度远低于忠诚度的现象分析

深圳市茜施尔服装有限公司成立于1999年，目前是一家专门从事品牌女性功能性内衣研制、开发、生产及营销的现代化企业。茜施尔品牌的总信息量是1.57亿，各个城市的指标差异较大，属于小规模品牌，虽面向全国市场但区域特征明显。

该品牌的特点是前三指标的结构基本合理，但美誉度低，没有获得足够的消费者口碑，却获得了较高的忠诚度。

茜施尔品牌的基础数据

品牌	知名度（%）	认知度（%）	美誉度（%）	忠诚度（%）
茜施尔	10.15	4.61	4.07	20.83

案例分析：该品牌的基础指标关系基本处于正常范围内，突出优点是具有较高的忠诚度，表明消费者的重复购买率较高。在较高重复购买率的情况下出现较低的美誉度，可能是该品牌经营主要依靠价格、渠道等其他途径，而非品牌。

品牌结构是需要厂商投入巨大精力成本才能获得的宝贵资源，这一结构一旦形成应该能对营销起到有效的支撑作用。品牌美誉度和忠诚度反映了这一关系的结果，最理想的状态是忠诚度和美誉度接近，且忠诚度能够略高于美誉度。

7.1.4 目标消费者指标与全国平均指标的关系

目标人群的各项指标关系与大众指标关系的解释是一样的，而且目标人群的各项指标均应该高于全国大众消费者的平均水平。因为品牌的目标人群中，包括了绝大多数的直接消费者，直接消费者是直接涉及销售问题的关键环节，目标消费者指标相比大众指标的结果里，包含着很多信息。如爱慕品牌，产品是女性内衣，目标消费者是 25 ~ 45 岁的女性，则分别计算各自的指标，结果是爱慕对全国 132344.7200 万人的各项指标均小于对目标消费者的指标（见表 7 - 2）。这是表现正常的品牌。

表 7 - 2　爱慕品牌的基础数据

年份	爱慕	人口数 （万人）	知名度 （%）	认知度 （%）	美誉度 （%）	忠诚度 （%）
2014	全国总人口	132344.7200	35.32	15.94	15.19	5.24
	目标消费者	10619.5052	43.63	20.81	20.47	8.86

有如下三种情况：

（1）目标消费者指标远大于大众指标。

目标消费者指标远大于大众指标是品牌传播高度专业化的结果，在专业性很强的品牌结构中经常看到，这类品牌涉及的产品一般不为大众所知，只针对同行或产业链上下游企业用户。小众品牌亦是如此，在小众目标人群之外的人很少听说过这些品牌，但小众范围内，这些品牌却有着很高的美誉度和忠诚度，这些品牌在数据上就表现出目标人群的指标远高于全国大众的平均指标。如维多利亚的秘密这一品牌的数据（见表7-3），目标消费者的指标明显高于大众消费者，是传播比较集中所致。

表7-3　维多利亚的密码品牌基础数据

维多利亚的秘密	人口数（万人）	知名度（％）	认知度（％）	美誉度（％）	忠诚度（％）
全国总人口	132344.7200	8.62	3.49	9.94	1.12
目标消费者	10619.5052	19.81	7.99	14.39	3.54

（2）目标消费者指标接近大众指标。

目标消费者指标接近大众指标是品牌传播泛大众化的结果，厂商采取通过大众传播告知方式的品牌容易出现这一结果，品牌的目标人群几乎是所有消费者也容易出现这样的结果，如餐饮品牌，目标消费者指标和大众指标非常接近。结果会导致目标消费者与大众消费者的各项指标接近。如果有明确目标消费者，出现这样的结果则意味着该品牌传播的有效性被稀释，传播费用高，且有效传播率不够等诸多问题。如红豆品牌（见表7-4），在有目标人群的前提下出现各项指标极近似的情况，意味着传播可能是对大众进行的传播，非目标人群接收到了和目标人群一样的信息，这对企业来说，有很多广告费是无效的。

表7-4　红豆品牌基础数据

红豆	知名度（％）	认知度（％）	美誉度（％）
全国总人口	65.71	28.81	25.21
目标消费者	65.93	28.88	25.35

（3）目标消费者指标低于大众指标。

任何一个目标消费者指标低于大众指标都是异常现象，出现目标消费者知名度和认知度指标低于大众知名度和认知度时，往往是品牌的目标人群定位选择有误，品牌产品的真正消费者密集区被划在计算的范围之外的缘故。若知名度和认知度正常，却出现目标消费者的美誉度和忠诚度低于大众美誉度和忠诚度指标时则是出现衰退的信号，说明直接消费者的口碑或重复购买行为减少。下面以庄吉品牌指标结构为例，阐述这一现象在实际中的表现。

案例：庄吉品牌分析

庄吉集团组建于 1996 年，现有成员企业 12 家，员工 2000 多人，在全国大中城市建成有 400 余家成员加盟的特许经营、连锁专卖网络。主导产品"JUDGER 庄吉"牌西服及高级成衣定位于中高档消费群体，荣膺中国驰名商标、中国名牌产品和国家免检产品等荣誉；同时生产经营女装、休闲装、衬衫、领带、皮鞋等系列服饰产品。

庄吉品牌的基础数据

人口级别	庄吉	人口数（万人）	知名度（％）	认知度（％）	美誉度（％）	忠诚度（％）
全国	总人口	132344.72	7.01	2.41	2.55	16.24
	目标消费者	43449.15	5.03	2.44	0.23	1.52

案例分析：该品牌主要问题是目标消费者的知名度、美誉度和忠诚度都严重低于大众指标。最严重的问题是目标人群的美誉度几乎完全散失，意味着直接消费者没有口碑，还不如大众对其认识的好感程度。这是一个非常危险的信号，说明该产品的质量或服务存在严重的问题，导致直接消费者对该品牌不满，也严重影响到了重复购买率，这一问题会影响品牌在营销环节发挥作用，最终影响整个经营系统，严重的会导致经营危机的发生，必须引起企业经营者的高度重视。

7.1.5 品牌指标结构与指标关系

为了便于读者记忆和运用，将上述指标间关系进行归纳整理，就可以得到一个经营指标关键阈值的相关关系图（见图 7-1）。

图 7-1 中标明了全国范围内大众知名度、认知度、美誉度和忠诚度，以及全国范围内目标消费者的知名度、认知度、美誉度和忠诚度之间的关系，将它们组织起来，就是一个品牌经营指标结构的标准图样（简称品牌结构）。每一个品牌都有自己独特的品牌结构，对照标准图样

都能清晰地反映出结构中的缺失和优势。下一节品牌经营指标的结构分析就是基于对品牌结构的理解。

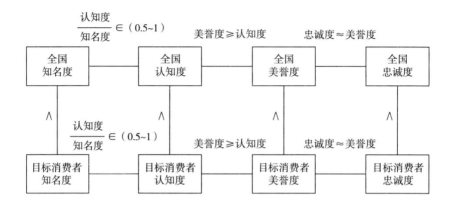

图7-1　经营指标关键阈值的关系

7.2　品牌经营指标的结构分析

品牌经营指标结构是指各项经营指标间关系所形成的系统结构，经营中不可能只通过一两个较好的指标获得品牌的优良表现，只有通过各个指标的协调发展才能使品牌的经营体系达到最优状态。为此，对品牌指标结构的研究就是对品牌各项指标协同发展的研究。本节主要通过结构图像分析，阐述指标结构中隐含的重要经营信息。

7.2.1　指标的结构化及指标结构的图像构成

指标结构化是将品牌评价的基础指标按照无量纲数值的关系统一成为一组可以比较分析的结构。这一基础工作在设计品牌知名度、认知度、美誉度和忠诚度指标的时候就已经有所考虑，并将其都归结在（0，100%），因此，这四个基础指标的关系就可以图示化，呈现出更为清晰的结构图像，易于分析与判断。

7.2.1.1 基础指标的结构化

品牌基础指标的结构意指品牌的知名度、认知度、美誉度和忠诚度这四项描述品牌状况的最基础的指标的绝对值所构成的比率关系，所形成的一种可以图示化、有固定评价标准的模式结构。

下面以某目标人群的指标与全国总人口的指标组成的结构化指标体系为例，解释品牌指标结构化、图示化的构成过程。某品牌的样本调研显示：其全国总人口的大众指标知名度为35.32%，认知度为15.94%，美誉度为15.19%，忠诚度为5.24%；目标消费者的指标知名度为43.63%，认知度为20.81%，美誉度为20.47%，忠诚度为8.86%。结果如表7-5所示。

表7-5 某品牌的全国大众指标与目标消费者指标对比 单位:%

某品牌	知名度	认知度	美誉度	忠诚度
全国大众指标	35.32	15.94	15.19	5.24
目标消费者指标	43.63	20.81	20.47	8.86

对该品牌的基础指标按照上一章各个指标的关系进行计算，可以清楚地判断各个指标间的关系是否协调，这样就构成了一个结构问题，如表7-5所示数据的绝对值及它们之间的比值关系构成了该品牌的指标结构：认知度和知名度的比值为0.4513，处于有效范围，美誉度略小于认知度，忠诚度和美誉度的差距较大，这三个关系及各个指标的绝对值所形成的各项指标间的关系即被称为品牌基础指标的结构。

一个厂商通过某种经营方式或策略可以做到一个指标或若干指标在短期内的增加或减少，但很难做到将其品牌结构调整至最优状态。品牌结构的优劣是一个品牌管理质量的具体反映，它能够综合地反映出一个厂商对品牌经营管理的能力。

7.2.1.2 结构化指标的图示化

纵轴为百分比列，横轴为四个基本指标依次的排列，并用深色的柱表示全国总人口的数值，浅色柱表示目标人群的数值，分别用两条曲线将全国总人口的柱顶和目标消费者的柱顶连起来，形成了如图7-2所示的品牌结构（1）。

深色和浅色的柱之间所反映出来的比值及大小关系就是上一章的指标关系。两条曲线位置的距离、交叉等关系构成了结构化数据的图像。

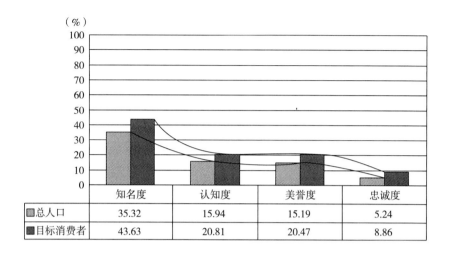

	知名度	认知度	美誉度	忠诚度
总人口	35.32	15.94	15.19	5.24
目标消费者	43.63	20.81	20.47	8.86

图 7 - 2　品牌结构（1）

如果用带有颜色的曲线表示，它们的关系更为清晰。如图 7 - 3 所示。

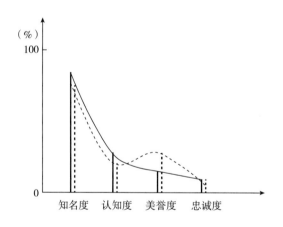

图 7 - 3　品牌结构（2）

图 7 - 3 中，虚曲线代表全国总人口的指标柱顶连线，实曲线代表目标人群的指标柱顶连线。

此外，由品牌所在地的基础指标或某个城市的基础指标也可以设计成为柱顶连线，并放置在图中进行对比分析。在对图像的研究中，主要是对这些曲线的形态及关系进行分析。

7.2.2 指标结构的图像类型及其解读

2014～2018 年，连续五次依托中国品牌发展公益基金和深圳连锁经营协会的平台，对中国连锁业态的 595 个品牌进行了全面调研，将这些品牌的基础数据和指标图像进行整理，并作了归类处理，共计出现了 37 种结构，下面即对其中最常见的 8 种典型指标结构的图像进行分析。

理论上通过组合，应该有 64 种结构，仍有 27 种结构在实践中没有出现，有待继续积累数据，观察研究。

7.2.2.1 最优结构

最优结构看起来像一个向上翘起，微微打开的两条弧线，各项指标的绝对值与关系应该符合如下特征：

第一，目标消费者的所有指标均高于或等于全国总人口的指标水平。意味着品牌传播是针对目标消费者的，配合信息均值比来分析。

第二，知名度的绝对值应该在 16.5% 以上。

第三，认知度是知名度的一半以上最佳，略低也可以，不能低太多，至少不能少于 1/3。

第四，认知度和美誉度接近，美誉度略大于认知度最佳。

第五，忠诚度应该开始超过美誉度，意味着消费者消费习惯形成。

示例如图 7 - 4 所示。

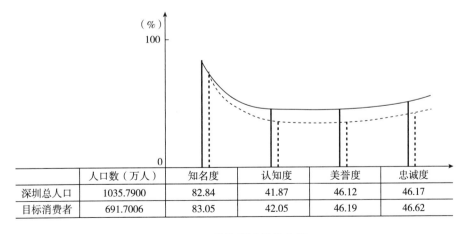

	人口数（万人）	知名度	认知度	美誉度	忠诚度
深圳总人口	1035.7900	82.84	41.87	46.12	46.17
目标消费者	691.7006	83.05	42.05	46.19	46.62

图 7 - 4 品牌质量最优曲线

上述数据是面点王品牌在深圳地区的品牌基础数据，全国指标中很少品牌能够达到最优状态，很多优秀的品牌仅在个别地区的指标能够达到最优状态。

当一个品牌的指标结构达到最优结构时，图像呈现出两条凹抛物线，尾端微微向上，且不相交。此时的品牌指标结构最优，具有了极佳的稳定性，抗风险能力强，消费者接受品牌传播的内容和途径效率最高，品牌发展质量优良。

7.2.2.2　次优结构

次优结构是略逊于最优的结构，仅品牌知名度、认知度和美誉度而言，与最优曲线基本一致，对销售起到了支撑作用，但可能因为其他原因，优良的品牌基础结构没有完全在销售中发挥出应有的作用，忠诚度略低于美誉度，应该具有如下特征：

第一，目标消费者的所有指标均高于全国总人口的指标水平。

第二，认知度是知名度的一半以上最佳，略低也可以，不能低太多。

第三，知名度的绝对值应该大于16.5%以上。

第四，认知度和美誉度接近。

第五，忠诚度应该没有超过美誉度，意味着品牌对销售的支撑作用没有完全发挥出来，消费者的消费连续性还不充分。

示例如图7-5所示。

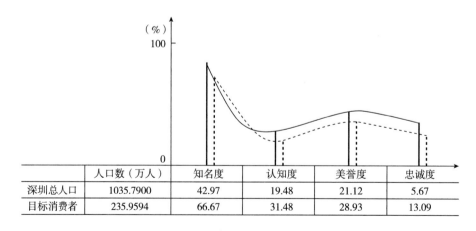

	人口数（万人）	知名度	认知度	美誉度	忠诚度
深圳总人口	1035.7900	42.97	19.48	21.12	5.67
目标消费者	235.9594	66.67	31.48	28.93	13.09

图7-5　品牌质量次优曲线

次优结构与最优结构的区别仅仅是未能形成足够的忠诚度，营销表现为没有对消费者的偏好或习惯产生足够的影响。消费者的偏好和习惯与品牌忠诚度有关，在最后阶段形成。所以，次优结构一般出现在最优结构之前，具有次优结构的品牌能否进入最优的状态取决于能否获得足够的品牌忠诚度。

案例：淑女屋品牌的次优结构分析

中国深圳市淑女屋服饰有限公司主营"淑女屋"品牌系列服饰及床上用品，集设计、制造、营销为一体，建有3家大型服装生产制造加工厂，拥有一大批专业的精英人才，具有深厚的企业文化底蕴。在服装界一直处于领先的地位，颇受消费者的青睐。经过多年以来的发展，"淑女屋"在全国大中城市拥有近500余家专柜和专卖店，拥有数万VIP顾客和良好的市场美誉度，见下表：

淑女屋品牌基础数据

2014 年	淑女屋	人口数（万人）	知名度（%）	认知度（%）	美誉度（%）	忠诚度（%）
深圳	城市总人口	1035.7900	65.68	33.42	26.70	15.68
	目标消费者	109.7251	67.39	33.26	28.28	15.85
全国	总人口	132344.7200	32.60	15.59	24.51	7.30
	目标消费者	14019.5347	44.68	18.99	31.95	12.64

将品牌基础数据绘制成结构图进行分析，淑女屋是典型的次优结构，符合次优结构的所有特征。

处于次优结构的品牌一般会表现为稳定性欠缺，品牌信息的时效性明显，品牌衰减的速率要比最优结构快得多，为此，需要较高的维护成本来支持较大密度的品牌传播活动。很多次优结构的品牌在过渡期出现结构性失稳的状态，但这类品牌对消费者已经具有了相当大的影响力，尤其是表现在营销方面的作用更为明显，也是一种很优秀的品牌类型，但略有欠缺，没有达到最优状态。

7.2.2.3 逐次下降结构

逐次下降结构的特点非常明显，知名度远高于认知度、认知度远高于美誉度、美誉度远高于忠诚度，这样呈现出依次下降的结构，应该具有如下特征：

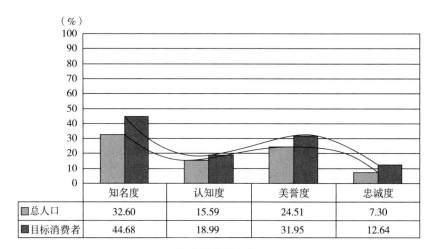

	知名度	认知度	美誉度	忠诚度
总人口	32.60	15.59	24.51	7.30
目标消费者	44.68	18.99	31.95	12.64

淑女屋品牌结构

第一，总人口的知名度很高，知名度的绝对值应该大于 37.5%
以上。

第二，全国总人口的知名度与目标消费者的知名度非常接近。

第三，知名度远高于认知度。

第四，认知度远高于美誉度。

第五，美誉度高于忠诚度。

示例如图 7-6 所示。

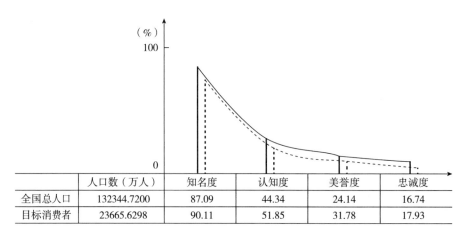

	人口数（万人）	知名度	认知度	美誉度	忠诚度
全国总人口	132344.7200	87.09	44.34	24.14	16.74
目标消费者	23665.6298	90.11	51.85	31.78	17.93

图 7-6　品牌质量逐次下降结构曲线

逐次下降是这种品牌结构类型的直观描述，出现这种结构的品牌都曾有过大规模的广告活动，依靠高密度、高强度的广告传播，获得了较高或很高的品牌知名度绝对值，对消费者有一定的影响力，但具有这种结构类型的品牌往往在质量方面存在严重不足，"重广告、轻公关"的经营思想往往是出现这种结构类型的根源。

案例：鸿星尔克品牌的逐次下降结构分析

鸿星尔克集团创建于 2000 年 6 月，是国内领先的体育运动品牌。主要业务为专业研究、设计、生产及销售本集团品牌"ERKE"及"鸿星尔克"的体育用品。

鸿星尔克产品包括适合各种体育活动的运动鞋、运动服、运动包、运动帽、专业用球、专业球拍、运动护具等系列。

鸿星尔克品牌的基础数据

2014 年	人口数（万人）	知名度（%）	认知度（%）	美誉度（%）	忠诚度（%）
全国总人口	132344.7200	80.46	37.96	23.22	21.61
目标消费者	88380.8360	81.20	38.31	23.30	21.92

案例分析：鸿星尔克品牌的品牌指标符合逐次下降结构的所有特征，早期的大规模广告使鸿星尔克获得了极高的知名度，也获得了有效的认知度，但相比知名度，还是没有达到效果优良的程度，美誉度也没有达到高于认知度的要求，可见消费者对品牌的认知有相当一部分没能形成赞许，没有成为自传播点，消费者的偏好没有充分形成，忠诚度虽然低于美誉度但基本接近，还是比较充分地将消费者口碑转换成了现实的销售。该品牌的问题在于重视广告类传播，轻视公共关系类活动，缺乏消费者体验，消费者的高知晓和高认知没能充分地转换为品牌的美誉度，这也是所有逐次下降结构品牌的共性问题。

7.2.2.4 "8"字形结构
"8"字形品牌数据结构是两条曲线扭在一起，出现一个看似 8 的形状，它是由次优结构演变而来，在次优结构的特征上出现了新的特征：目标人群的美誉度水平远低于总人口平均美誉度水平。

示例如图 7 - 7 所示。

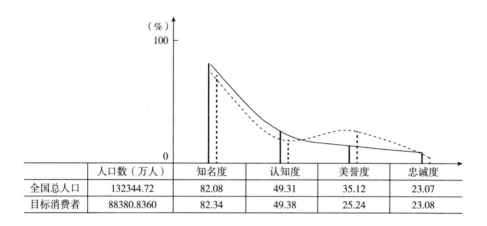

	人口数（万人）	知名度	认知度	美誉度	忠诚度
全国总人口	132344.72	82.08	49.31	35.12	23.07
目标消费者	88380.8360	82.34	49.38	25.24	23.08

图 7 - 7　品牌质量曲线中的衰减信号

"8"字形结构源于美誉度的衰退问题，该结构仍保有合理的知名度和认知度关系，因此曲线的交叉点正好落在认知度上。

这是一种衰退中期的表现。美誉度的衰退原因很复杂，有可能是真正的消费者在体验过该品牌的产品或服务之后，失去了口碑，美誉度衰退现象已经非常明显，品牌结构存在的问题已经较为严重。

案例：狗不理品牌的"8"字形结构分析

狗不理包子是天津市汉族特色小吃。为天津三绝之首，是中华老字号之一。始创于公元 1858 年清朝咸丰年间，经过近 150 多年的变革发展，目前狗不理已成为拥有大型饭店、中型酒家、排档式餐厅、快餐、早餐、早点、速冻食品生产，商品零售、物流商贸和烹饪学校以及在国内外设有七十余家特许连锁企业的集团公司。

狗不理品牌基础数据

狗不理	人口数（万人）	知名度（%）	认知度（%）	美誉度（%）	忠诚度（%）
全国总人口	132344.7200	82.08	49.31	35.12	23.07
目标消费者	88380.8360	82.34	49.38	25.24	23.08

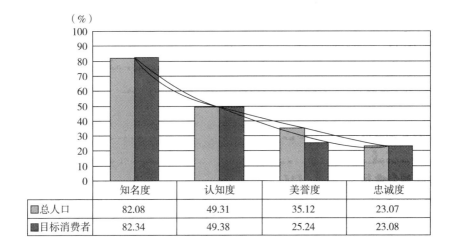

	知名度	认知度	美誉度	忠诚度
总人口	82.08	49.31	35.12	23.07
目标消费者	82.34	49.38	25.24	23.08

狗不理品牌结构

狗不理品牌的目标消费者美誉度出现了低于全国平均水平的现象，特征符合"8"字形品牌结构，意味着这一品牌出现了明显的衰退迹象。

（资料来源：http：//baike. baidu. com/subview/4775/6470775. htm？from_id＝355805&type＝syn&fromtitle＝%E7%8B%97%E4%B8%8D%E7%90%86&fr＝aladdin）

7.2.2.5 凸型曲线

凸型曲线结构应该具有如下特征：第一，总人口的知名度和认知度、忠诚度的绝对值均不太高，且三者呈逐次下降趋势；第二，目标消费者的各项指标与全国总人口的各项指标非常接近；第三，美誉度指标高于知名度、认知度和忠诚度三者均值一倍以上。如图 7－8 和图 7－9 所示。

品牌定量分析理论与品牌诊断技术研究

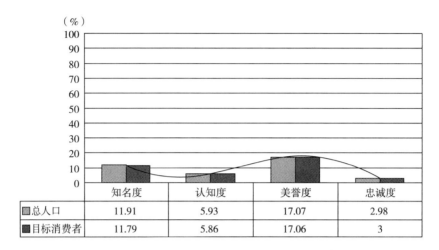

	知名度	认知度	美誉度	忠诚度
■总人口	11.91	5.93	17.07	2.98
■目标消费者	11.79	5.86	17.06	3

图 7-8　便宜坊品牌结构

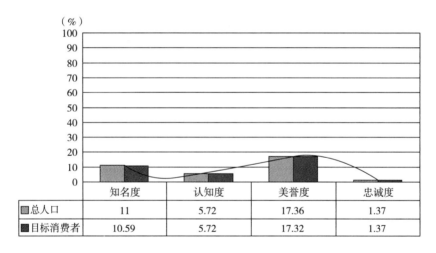

	知名度	认知度	美誉度	忠诚度
■总人口	11	5.72	17.36	1.37
■目标消费者	10.59	5.72	17.32	1.37

图 7-9　古越龙山品牌结构

　　凸型是这种品牌结构类型的特点，在较低的知名度、认知度和忠诚度条件下出现这种结构的品牌拥有很高的美誉度，一方面说明该品牌具有非常高的质量，有好的口碑，另一方面也说明该品牌在传播方面严重不足，属于质有余而量不足的类型。

　　7.2.2.6　中间交叉型曲线

　　中间交叉型曲线结构应该具有如下特征：第一，总人口的知名度较

· 84 ·

高，知名度的绝对值应该大于37.5%以上；第二，目标消费者的知名度应该远高于全国总人口平均水平；第三，全国总人口的美誉度和认知度接近；第四，目标消费者的各项指标逐次大幅下降，认知度明显高于美誉度；第五，全国平均的忠诚度水平和目标消费者的忠诚度水平接近；第六，目标消费者美誉度小于全国总人口的美誉度平均水平；第七，两条曲线的交叉点在美誉度和认知度之间。

示例如图 7 – 10 和图 7 – 11 所示。

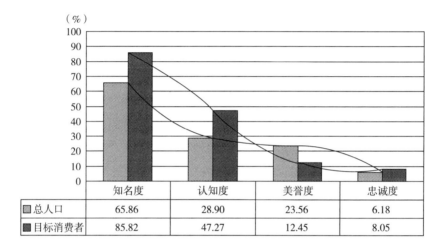

	知名度	认知度	美誉度	忠诚度
总人口	65.86	28.90	23.56	6.18
目标消费者	85.82	47.27	12.45	8.05

图 7 – 10　报喜鸟品牌结构

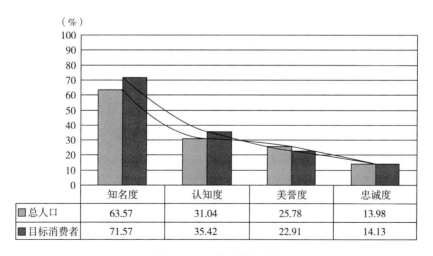

	知名度	认知度	美誉度	忠诚度
总人口	63.57	31.04	25.78	13.98
目标消费者	71.57	35.42	22.91	14.13

图 7 – 11　九牧王品牌结构

中间交叉型是一种含有衰退信号的结构类型，美誉度代表了消费者对一个品牌的口碑，而目标消费者当中直接的消费者最多，若失去了或部分失去了这些具有直接消费经验的目标消费者的口碑，反映在数据结构中就是目标消费者的美誉度低于全国人口的平均水平，意味着直接消费者对该品牌的产品或服务不满意或有质疑，这是品牌衰退的危险信号。这种结构类型的全国指标水平非常稳定，一般都是有一定影响力的、较为成熟的品牌，含有一定的危险信号但不严重，是一种进入衰退期的先兆表现。

7.2.2.7　重合型曲线结构

重合型曲线结构就是两条曲线基本重合的意思，具有如下特征，即全国总人口的所有指标与目标人群的指标基本一样，两条曲线基本重合，故称重合型曲线结构。

示例如图 7 - 12 和图 7 - 13 所示。

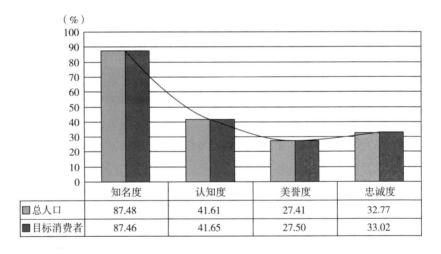

	知名度	认知度	美誉度	忠诚度
总人口	87.48	41.61	27.41	32.77
目标消费者	87.46	41.65	27.50	33.02

图 7 - 12　李宁品牌结构

产生这种品牌结构的原因有两种情况：其一，其产品或服务面向所有消费者，或目标人群没有细分。其二，在传播途径上依赖所有的主流媒体渠道，做到了全覆盖，使得该品牌家喻户晓。重合型品牌结构隐含着一个品牌在运作中的一些缺陷，由于传播过程中没有对市场进行细分，重合型曲线的品牌一般在运营中都有传播效率低的问题。

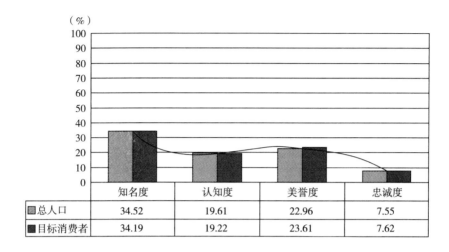

	知名度	认知度	美誉度	忠诚度
■总人口	34.52	19.61	22.96	7.55
■目标消费者	34.19	19.22	23.61	7.62

图 7-13 东来顺品牌结构

7.2.2.8 鱼尾型结构

鱼尾型品牌数据结构有如下特征：第一，总人口知名度和目标消费者知名度都很高，而且很相近；第二，有突出的美誉度，尤其是目标人群的美誉度相当高；第三，目标人群的美誉度水平远高于总人口平均美誉度水平；第四，忠诚度很低。

示例如图 7-14 和图 7-15 所示。

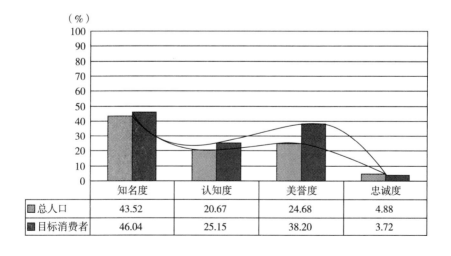

	知名度	认知度	美誉度	忠诚度
■总人口	43.52	20.67	24.68	4.88
■目标消费者	46.04	25.15	38.20	3.72

图 7-14 才子品牌数据结构

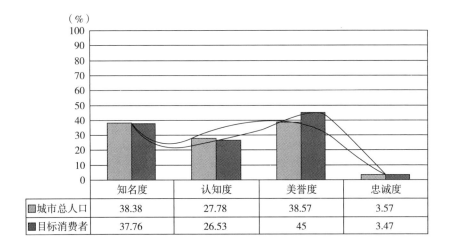

	知名度	认知度	美誉度	忠诚度
城市总人口	38.38	27.78	38.57	3.57
目标消费者	37.76	26.53	45	3.47

图 7 – 15   西安饭庄品牌在西安市的数据结构

该结构下的前三项指标都很高，说明该品牌结构很正常，尤其是凸出的美誉度曲线部分，更说明该品牌在消费者中有良好的口碑，这个结构的特点是高知名与高美誉度下的忠诚度偏低特征，意指具有很好的口碑却未能形成消费习惯或偏好的一种品牌类型。

7.2.3   区域品牌的典型结构图像

品牌依据影响范围的大小，可以被分成国际品牌、全国品牌、国内区域品牌等，判断一个品牌属于哪个类型，可以通过比较每个范围内的指标得到可靠结果。一些产地明确，偏好集中的品牌特别容易形成一个地区的影响力，但就全国范围而言，可能还达不到品牌的最基本要求。如下以判断一个品牌是全国品牌还是区域品牌为例，阐述品牌这一属性的判断方法。

区域品牌的数据结构应该具有如下特征：全国总人口和全国目标消费者的各项基础指标都较低，除所属地外的其他地区知名度都达不到有效，而在所属地区的各项指标均很高，尤其是知名度很高，全国水平和某地区的指标之间差距很大。

案例：嘉旺品牌的区域特征分析

深圳市嘉旺餐饮连锁有限公司隶属于深圳市得时实业集团股份有限公司，成立于1997年。至今，深圳市嘉旺餐饮连锁有限公司已经发展成为在国内具有一定知名度、美誉度的大型餐饮连锁企业。按照"立足深圳、辐射广东、面向全国"的发展战略，公司已在深圳、广州、北京等市场开设了近百家直营门店。凭借丰富的餐饮实战经验和雄厚的资金实力连续多年入选中国餐饮百强企业。

嘉旺品牌的基础数据

2014 年	嘉旺	人口数（万人）	知名度（%）	认知度（%）	美誉度（%）	忠诚度（%）
北京	城市总人口	1961.2400	2.35	0.59	75.00	1.18
	目标消费者	1309.7161	2.35	0.59	75.00	1.18
成都	城市总人口	1404.7600	2.70	1.35	30.00	1.02
	目标消费者	938.0987	2.83	1.42	30.00	1.07
深圳	城市总人口	1035.7900	59.35	30.71	41.93	26
	目标消费者	691.7006	59.26	30.68	40.58	26.17
西安济南	城市总人口	1528.1800	5.05	1.01	0	0
	目标消费者	1020.5186	5.10	1.02	0	0
南昌	城市总人口	504.2600	2.63	0	0	0
	目标消费者	336.7715	2.63	0	0	0
太原	城市总人口	420.1600	1.89	0.94	10	0.94
	目标消费者	280.5828	1.96	0.98	10	0.98
阳泉	城市总人口	136.8500	1.34	0.34	0	0
	目标消费者	91.3884	1.34	0.34	0	0
嘉祥	城市总人口	87.2300	0	0	0	0
	目标消费者	58.2522	0	0	0	0
全国	总人口	132344.7200	5.83	2.33	10	1.79
	目标消费者	88380.8360	5.86	2.34	9.92	1.81

案例分析：从嘉旺品牌的全国平均指标看，该品牌在全国范围的影响

力很小，知名度仅达到有效的最低阈限，但其所在地深圳的指标却是一个非常好的品牌结构，在深圳地区影响力很大，其他地区的品牌结构基本没有形成，极少的知名度可能来自在深圳对品牌有过认知的流动人群，但数目很少，属于无效知名度。尽管该品牌在深圳、广州、北京等市场开设了近百家直营门店，但就品牌而言，仍是一个典型的深圳区域品牌。

（资料来源：http：//baike. baidu. com/view/4742371. htm？ fr＝aladdin）

案例：八马茶叶的品牌区域性分析

八马茶业源于百年前的"信记"茶行，隶属于深圳八马茶业连锁有限公司，掌门人王文礼先生是非物质文化遗产代表性传承人，也是铁观音发现者王士让的第十三代传人，在国内有逾千家销售门店，覆盖全国所有省市自治区，铁观音出口量全国第一，是面向国际化发展的茶企。

八马茶叶基础数据区域分析

2014 年	八马	人口数（万人）	知名度（%）	认知度（%）	美誉度（%）	忠诚度（%）
北京	城市总人口	1961. 2400	2. 94	0. 59	0	1. 18
	目标消费者	1309. 7161	2. 94	0. 59	0	1. 18
成都	城市总人口	1404. 7600	9. 91	4. 05	20. 00	1. 92
	目标消费者	938. 0987	10. 28	4. 21	20. 00	1. 99
深圳	城市总人口	1035. 7900	51. 48	24. 45	29. 93	9. 55
	目标消费者	691. 7006	51. 77	24. 70	29. 93	9. 7
西安	城市总人口	1528. 1800	8. 08	3. 03	35	2. 02
济南	目标消费者	1020. 5186	7. 14	2. 55	10	1. 02
南昌	城市总人口	504. 2600	13. 16	5. 26	10	0. 35
	目标消费者	336. 7715	13. 16	5. 26	10	0. 35
太原	城市总人口	420. 1600	11. 32	1. 42	0	0. 13
	目标消费者	280. 5828	11. 76	1. 47	0	0. 13
阳泉	城市总人口	136. 8500	14. 09	5. 03	0	0. 09
	目标消费者	91. 3884	14. 09	5. 03	0	0. 09

续表

2014 年	八马	人口数 （万人）	知名度 （%）	认知度 （%）	美誉度 （%）	忠诚度 （%）
嘉祥	城市总人口	87.2300	0	0	0	0
	目标消费者	58.2522	0	0	0	0
全国	总人口	132344.7200	12.93	4.34	11.93	12.26
	目标消费者	88380.8360	12.86	4.26	6.08	1.00

所在地深圳的指标与全国平均指标绘制成结构图可见结果更为清晰。

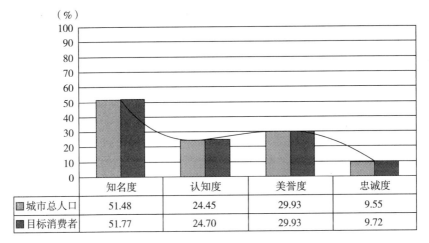

	知名度	认知度	美誉度	忠诚度
城市总人口	51.48	24.45	29.93	9.55
目标消费者	51.77	24.70	29.93	9.72

八马品牌在深圳地区的数据结构

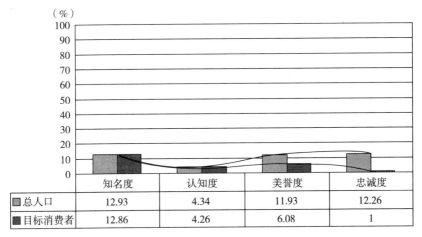

	知名度	认知度	美誉度	忠诚度
总人口	12.93	4.34	11.93	12.26
目标消费者	12.86	4.26	6.08	1

八马品牌的全国数据结构

案例分析：八马品牌在全国有一定的影响力，品牌结构也已形成，是一个全国品牌。深圳的指标非常可观，该品牌在深圳的指标是典型的次优结构。各项指标都远高于全国平均水平，其他地区的指标很不均匀，是一个依靠门店进行传播的品牌，有门店的地区就有一定数量消费者对品牌认知，没有门店的地区，品牌就没有影响。是一个从区域向全国发展成功后的品牌，可称为全国品牌，但区域特点没有完全褪去，依然有一些还比较明显的区域品牌特点。

对比而言，某品牌在特定区域的所有数据指标项均远高于全国平均水平，这说明该品牌还处于区域品牌向全国品牌发展的过渡期，是该品牌在其他地区的发展不平衡所致，品牌在所在地的影响最大。

第 3 部分　品牌度量原理与品牌信息量的计算方法

8. 品牌本体论研究综述

8.1 对品牌定义的理解

早期的品牌概念与营销无关，只是通过对符号的区别，品牌承担着所有权最为直观的识别功能，在品牌进入营销领域之前，它的作用就是所有权标志物，其作用是区别所有者，而这与现代品牌的含义相去甚远。直到品牌的概念被引用到商业社会中时，品牌不再是所有权的标志，而渐渐成为一个模糊的与所有权有关的概念，标志着某物与生产者或经销者有关，而不再确切地表达某物确定的所有权归属。也正因如此，早期的品牌含义与商标的概念极为相似，世界知识产权组织在其商标《示范法》中曾作出如下定义："商标是将一个企业的产品或服务与另一企业的产品或服务区别开的标记。"由此可以看出，作为现代词汇 brand 的初意，与商标的概念基本相同。

以上所述的品牌概念都是着眼于品牌的识别功能，这一点可以从西方学者对品牌的认识中得到佐证。美国学者菲利普·科特勒博士在《营销管理》中为品牌定义："品牌是一种名称、术语、标记、符号或图案，或是它们的相互组合，用以识别某个消费者或某群消费者的产品或服务，使之与竞争对手的产品或服务相区别。"美国市场营销协会将品牌定义："用以识别一个或一群产品或劳务的名称、术语、象征、记号或设计及其组合，用以和其他竞争者的产品或劳务相区别。"中国学者的普遍认识与之也是异曲同工，比较有代表性的看法认为："所谓品牌，也就是产品的牌子，它是销售者给自己的产品规定的商业名称，通常由文字、标记、符号、图案和颜色等要素组成或是这些要素的组合构成，用作一个销售者或是销售者集团的标识，以便于同竞争者的产品相区别。品牌是一个集合概念，包括名称、标志、商标，所有商标都是品牌或品牌的一部分。"这些定义之间没有本质区别，只是在表述间略有不同。但这些定义暗含着一个有关品牌内涵的重大变化：即从"某物是我的"到"某物与我有关"的转变。"品牌是质量的承诺"就是最典型的认识。这一认识相当于将品牌视为一个标记性符号，它并不是所有权的标志，而是某物由某人生产或经销，该物与特定的人有关，而这个标记性符号标志着这个人对该物的质量或其他属性进行了承诺。这一变化可以将品牌的内涵认识划分为早期认识和传统认识的分界，是品牌定义向现代品牌变迁的重要跨越。

随着人类经济形式的发展，品牌的定义也在不断地丰富着新的内涵，先后出现了以品牌认同理论和品牌形象理论为代表的两类定义，它们都是对品牌符号定义的补充与完善。如广告大师大卫·奥格威对品牌的定义："品牌是一种错综复杂的象征，它是品牌的属性、名称、包装、价格、历史、声誉、广告风格的无形组合。"或许是我国学者王海涛的定义更为严格："广泛意义上的品牌包括了三个层次，首先是商标，这是从法律意义上说的；其次是一种牌子，是金字招牌，这是从经济或市场意义上说的；最后是一种口碑、一种品位、一种格调，这是从文化或心理意义上说的。"能够从这些定义的内容中看得出来，此时的品牌内涵俨然是营销概念了，它的差异化属性已被营销利用，品牌是营销中实施差异化发展最重要的工具之一了。

现在被品牌学界普遍认同的定义是基于品牌关系理论的定义。美国学者大卫·艾格从品牌资产管理的角度提出了基于品牌关系的品牌定义："品牌就是产品、符号、人、企业与消费者之间的联结和沟通，品牌是一个全方位的架构，牵涉消费者与品牌沟通的方方面面。"这一定义从消费者和品牌之间的沟通来强调消费者在其中的决定性作用，没有消费者的认可就没有品牌可言，品牌资产的价值就体现在品牌关系当中。从理论上说，这一定义并没有离开营销，但确实是向前迈进了一大步，"品牌管理的核心是品牌关系的管理"，"品牌的核心就是品牌关系"，这一点改变了很多人对品牌偏执的认识，如"品牌就是 logo，品牌就是文化"等，因此，这一定义逐渐被品牌理论界广泛认可，至今仍是品牌学界最重要的理论之一，但品牌关系理论也有非常明显的局限性，它所揭示的只是品牌管理的核心，而不是品牌的本质。

8.2 品牌本论分类

关于品牌本质的研究统称品牌本体论研究，简称为品牌本论。品牌管理科学的研究现状是处于类似于管理理论丛林的时代，众说纷纭百家争鸣，看起来复杂纷乱，实则系统有致。人们对"品牌是什么"有着不同的理解，这源自于大家对品牌现象的理解不全面，也不够深刻，往往按照自己原来的知识结构中的概念对品牌进行朦胧认识，将其误认为品牌本质。如营销专家认为，品牌就是营销工具，战略专家认为品牌就是战略差异化工具，甚至从事设计的设计师们直接就认为品牌就是 logo。其实"品牌是什么？"和"品牌的本质是什么？"是两个完全不同的问题。品牌是什么，是形而下的问题，人们可以按照自己的角度给出自己的理解，这个问题可以有很多种不同的答案，而品牌本质是什么却是个形而上的问题，只能有一个答案。

诚然，这种如同盲人摸象般的局面对品牌的发展曾经是有推动作用的，它使品牌的研究进入了蓬勃发展的时期，但无法达成统一的研究范式的问题却一直阻碍着品牌管理科学的进一步发展。品牌管理科学的发展要求对品牌尽快有一个统一的认识，也就是要求品牌管理科学尽快完成对品牌本体论的研究，就是要对品牌这一现象的本质有一个系统科学而且是统一的认识。品牌本体论对于品牌而言是个不可回避的问题，而涉及本体论的问题一般都是最复杂也是最深刻的问题。不解决好这一问题，人们对品牌的认识也将难以继续深入，正是依据对品牌本体论认识的不同，将品牌研究的理论分成观点迥异的不同学派。

品牌本体论在 20 世纪 90 年代初由大卫·艾格的品牌关系理论之后一直发展缓慢，很多理论都是对它的修修补补。也是在最近几年，国内外品牌理论研究进入一个高潮时期，新的思想和管理方法不断涌现。除品牌信息本论外，现在对品牌本体论发展仍有巨大影响的还有五个学派，分别是品牌符号论、品牌营销工具论、品牌战略工具论、品牌资产论和品牌关系本论，如下逐一介绍。

8.2.1 品牌符号论

最先走进现代管理学范畴的品牌管理理论研究者应当是品牌符号学派，他们秉持着品牌符号本论，简明扼要地认为："品牌就是商品的牌子，是商品的商标。"

这一学派的历史作用很大，它将品牌的本质认识从最初的有意义的标志过渡到了商标，这是品牌认识论的第一次飞跃。是从"所有者所有权的符号"演变为"与该产品有关的符号"即从"该商品是我的"到"该商品的生产销售或是其他与我有关"。这一点是区别传统品牌与现代品牌概念的关键。在早期有关品牌本质的论著中，基本都持有这一认识。它对之后的研究有很大影响，至今仍有很多人认为品牌就是符号，就是商标。持有这样观点的理论都可以划在品牌符号本论学派当中。

8.2.2 品牌营销工具论

品牌具有排他性功能和竞争性功能，正好适合商品经济的发展需要，使它作为营销工具在早期的商业活动中就被广泛地应用。尽管那时还没有现代品牌的概念，但原始广告现象、商誉等都是人们对品牌的自发的认识和理解。进入现代管理时代后，对品牌的认识有了很深的进步，出现了品牌个性论、品牌定位理论等，但人们还没有找到品牌在营销之外的功能和作用，因而品牌也被普遍认为是营销的一个分支、一个部分或一个侧面，总之认为品牌就是为或远或近的销售服务的。秉持这一观点的理论都可以被划分在品牌营销学派。几乎所有从事营销工作的人都认同一一观点，甚至在我国高校教育当中，《品牌管理》就被设置在市场营销专业当中，可见这一认识最为普遍。其中以大卫·奥格威（David Ogilvy）的《品牌形象论》（1963），菲利普·科特勒（Philip Kotler）的《营销管理》（1967）对品牌的理解最具有代表性。

其实，品牌的作用体现在整个管理体系的方方面面，远不只于营销，如在人力资源管理中有研究表明在具有品牌的企业内工作的员工要比没有品牌的企业的员工对企业的忠诚度明显高很多，而且能够容忍更低的工资水平。

品牌对于营销而言应该是一个更大更广泛的概念，尽管品牌的作用很多是体现在营销上，但也不能狭隘地认为品牌的本质就是营销工具。

8.2.3 品牌战略工具论

受到品牌在营销实践中众多成功案例的影响，品牌的作用开始被放大，品牌战略也就应运而生。自迈克尔·波特（Michael E. Porter）将差异化作为基本战略形式推出后，品牌就成为最主要的战略差异化工具了。

品牌学界中有不少学者持有这样的观点：品牌本身就是战略，甚至是可以替代总体战略。而作为本论的品牌战略意指品牌具有战略规划的职责和能力，就是制定以品牌为中心的企业识别系统，然后以识别系统整合企业的一切经营活动。

这一学派的特点是跳出了品牌唯营销论的认识，并自觉结合了系统理论的先进思想，对品牌的认识前进了一大步。凯文·莱恩·凯勒（Kevin Lane Keller）的《战略品牌管理》是这一学派的主要代表作。

8.2.4 品牌资产论

随着对品牌认识的不断深化，到20世纪90年代时，人们对品牌的认识也不再是一个营销或差异化的工具那么简单了。它具有的增值能力使其逐步成为企业经营当中一项越来越重要的资产。

这一时期，大卫·艾格先后出版了《管理品牌资产》（1991）、《创建强势品牌》（1995）和《品牌领导》（1998）三本著作，被称为品牌三部曲，是品牌理论的承上启下之作。《管理品牌资产》继承了品牌战略学派对品牌的认识，将其视为战略性资产，并具体说明如何通过依次创建、培育和利用品牌资产，从战略上管理品牌。

而到了《创建强势品牌》中，大卫·艾格又开创性地将品牌定义为："与名称和标志联系在一起的一套资产（或负债），它们可以给产品或服务提供增值，也可能导致减少。"这一段时期，涌现出众多的品牌资产著作和论述，最终形成了品牌研究的主流认识，即品牌资产学派，其中的代表人物如斯科特·戴维斯（Scott M. Davis），其著作《品牌资产管理：赢得客户忠诚度与利润的有效途径》（2006）中写道："将品牌注入资产管理的概念，改变了管理品牌的途径。"

就在品牌资产学派的研究业已达成主流共识的时候，大卫·艾格又在其《品牌领导》的著作中推出了全新的观点，通过对品牌识别、品牌构架、如何打造成功高效品牌、全球化背景下组织所面临的品牌管理挑战四大主题的探讨，将品牌管理提升到了领导力层面。清晰地阐述了品牌资产的关系结构，为之后的品牌关系学派的发展奠定了理论基础，此后的品牌理论出现了重大的转折。

8.2.5 品牌关系本论

马克斯·布莱克森（Max Blackston）在1992年最早正式提出了品牌关系概念，他把品牌关系看作是消费者对品牌的态度和品牌对消费者的态度之间的互动。1998年是品牌关系理论学派形成的重要年份，苏珊·弗尼尔（Susan Fournier）提出了品牌关系质量的概念以衡量品牌关系的强度、持续性和稳定性。汤姆·邓肯（Tom Duncan）在《品牌至尊》（1998）中提出塑造、维护和强化品牌关系已经成为过程论营销的核心问题，并继承了品牌资产思想，提出了有不同品牌关系的集合形成的品牌资产等式。

品牌关系的提出可以说是划时代的，在品牌关系理论学派思想确立之后，很大一批学者都追随这一思想，有关品牌的很多研究也处处体现着这一思想。如品牌危机管理也将其基本理论定格在品牌关系的断裂理论上，还有学者应用社会学研究方法将品牌看作是产品、符号、人、企业与消费者之间的联结和沟通，是各种经营关系的总和。这些思想深受品牌关系理论的影响。

当今品牌学界的主流学派是品牌关系学派和品牌资产学派，及它们产生的其他分支，如品牌联想、品牌传播、品牌认知等。但无论哪一学派的思想，都没能完全做到对品牌本体论的阐释，学派间的辩论一直在持续。

8.2.6 品牌信息本论

在品牌关系理论之后的 20 年里，整个品牌学理论的发展一直是对此理论的修修补补，而没有大的突破。国内学者是在 2006 年之后才开始对此问题有所见解。最靠近品牌本体论的研究当属品牌信息本论，这一理论正逐步发展成为品牌信息学派。

品牌信息本论是中国学者郑成思先生在《知识产权论》一书中提出的，早在 20 世纪 80 年代就把"商标、品牌、专利技术其本质都是信息"的思想提了出来。20 世纪 90 年代西方学者开始研究品牌信息问题，之后逐步丰富，品牌信息本论的核心思想是："品牌的本质是信息，品牌的主要活动是品牌信息的传播"，并逐步论述了在经营过程当中发挥作用的机理，该理论的提出标志着品牌信息学派的形成。该理论认为，品牌符合信息的一切属性，关于品牌在经营中的作用机理都可以在品牌信息本论中得以解释，其主要作用和交易信息一致，就是降低交易中的不确定性，从而降低交易风险带来的交易成本，在经营中品牌可以直接替代交易信息。因此，描述品牌本质最重要的一步，即品牌的单位是什么也得到了回答，它和信息单位一样，是比特。每个品牌因其包含的信息量不同而存在差异。品牌信息本论的确立使得对品牌真正意义上的度量成为可能，也正因为有量的精确度量才使得品牌价值的评估具有充分的科学依据。吕海平于 2009 年出版了《品牌信息论》并将这一理论系统化，全面地分析了品牌作为信息的构成和传播过程。周云于 2014 年出版的《品牌信息本论》揭示了品牌的本质及其量的度量原理。

截至目前，品牌信息本论是对品牌本质探索的最高阶段，也是最为深刻的解释，可以预见未来品牌管理科学的统一范式很有可能将会在此基础上建立起来。在我国，品牌管理科学理论界有部分学者秉持品牌信息本论的观点。

8.3 品牌信息本论综述

品牌信息本论缘起于信息经济学的发展；在经典的西方经济学中，一个"信息对称假设"将经营中所有与信息有关的问题都排除在外，这使得分析经济现象的过程得到了极大的简化，但却也严重地脱离了实际，使得很多基于假设的经济学结论在现实经济活动中很难找到。尽管经济学理论体系严谨，但人们更愿意相信信息永远不对称的现实，直至信息论的出现，经营中的信息问题被经济学家们重视，出现了信息经济学，并很快使之成为经济学中一个重要的分支，至此，许多曾经在信息对称假设下无法进行的研究得以继续，信息经济学的发展使得人们对经济学的研究有所突破。

在信息经济学中，"对决策有影响的参考因素都可以视为信息""信息的作用和不对称永远存在"的现实才得以在经济学范畴内得到广泛的认可；"信息是降低不确定性的东西""信息量就是降低不确定性的程度"，信息理论的发展使得很多原本无法度量的经济问题通过信息的转换得以解决。尤其是一些有关决策的辅助信息，更是得到了长足的进步。因为在辅助决策中，所有对决策有参考意义的条件，其本质都可以被视为信息。品牌对于消费决策而言也是辅助条件，在决策中的辅助作用和其他参考条件一样，当然也可以被视为信息。

之所以品牌的本质一直未被揭开，是因为品牌在经营中的表现实在太复杂了，很多现象似乎也很难用一个本质去解释，人们也没有必要把所有的品牌现象归纳在一个本质上去思考。就品牌作为信息本质而言，有些作用表面上看起来与信息无关，而这正是品牌信息本论需要面对的一个主要问题之一，需要在研究中将品牌的作用逐一落实在信息本质上，才能完整地证明品牌的本质是信息。例如，有人将品牌看作是一种文化现象，这和决策距离遥远，似乎又与信息无关，但文化现象本身就是信息质量问题；又如，有品牌的企业里，内部员工因品牌而表现出的能够容忍更低的工资这一现象，这是品牌的作用，但似乎也与信息无关，如果深入研究会发现其实这是一个品牌对员工未来收益的预期所具有的不确定性降低的作用，所有的品牌作用最终都能够用信息来解释。

信息是无时无刻不存在的客观事物，信息是否有意义或者说是否有价值，取决于它对人决策的影响结果，但无论其有意义或有价值与否，它的量不以人的意志为转移。品牌的量是客观存在的事物，不以它是否会具有促销的能力或其他作用而改变，即使是一个没有价值的品牌，它也可能是有量的。量和价是分开的两个部分，一个信息的价值不完全依赖其量的大小，它的价值主要是看这个信息影响的结果。

品牌的所有属性都符合信息的属性，从本质上说：品牌的本质是信息。此观点为品牌信息本论的基本概念。

8.4　品牌信息本论的核心：品牌与信息的同效替代原理

品牌影响有强弱优劣之别，但这些差异不能直接反映在价格上（虽然最终会有价值的差异），在描述这些差异的时候，首先应该是一个品牌量的度量。自然就应该存在一个单位用来描述品牌强弱的量，而要描述这一量的强弱，就必须确定品牌的基本属性，即品牌的本质是什么。

观察对比一个企业在品牌产生前后经营系统中各项要素的变化会发现：劳动力、土地、资本等要素都不会发生变化，唯一变化的就是信息。信息要素是品牌作为一项经营工具参与经营活动时唯一起作用的要素。

"品牌的本质是信息、是组织获取竞争优势地位的手段、是对超额利润再分配的工具"，这便是品牌信息本论的核心思想，其中以品牌作为信息在经营中发挥作用的机理对品牌量和度量框架进行解释，所依据的就是品牌与信息在经营中的替代作用机理（注：超额利润的第一次分配是依据要素的投入进行的分配，再分配是指超额利润在要素间的重新分配过程）。

在企业经营的要素当中，信息的作用是降低经营的不确定性，提高企业经营水平。由此可以看出信息与不确定性之间的关系。不确定性是不可以计量的风险，风险是可以计量的不确定性，信息就是通过对不确定性的降低来控制经营风险的。而品牌的作用则处处体现着品牌作为信息集合的本质，例如，作为营销工具，品牌可以降低搜寻信息的成本，作为非营销工具，品牌又是降低员工对未来不确定性的预期，从而发挥凝聚组织的作用。

一个品牌强弱的量可以视为品牌集合所包含的信息量的大小，品牌就是通过对信息的替代，来完成决策水平的提高或风险的降低，信息量就是对决策不确定性的减少程度的描述，依据信息量的计量方法可以大致推知品牌信息量的大小。

8.4.1　替代原理的几个重要概念

这一节里，首先对替代原理所涉及的几个品牌信息本论的重要概念进行初步讨论，这些概念是品牌信息本论的基础。

8.4.1.1　要素与经营要素

要素是指与系统直接关联的，决定系统存在的关键因素，或是指构成体系的各组成部分的总和。所谓经营要素是指任何企业生产经营不可缺少的基本条件，其经济内涵应当包括投入经营过程的人力、财力、技术和信息等。通常把生产过程中的各种投入称为生产要素，整个经营活动过程的各种投入称为经营要素，按照传统政治经济学的观点，生产要素主要是指资本、土地等物的要素。和其他经营要素一样，这些物的要素虽然不是价值创造的源泉，但它们是价值创造不可缺少的条件，所以根据谁投入谁受益的原则，要素投入者可根据投入的多少来相应分享剩余价值。

经营要素由资本、土地、劳动、企业家、信息、技术、管理等一系列经营活动必不可少的要素组成。其中生产要素和营销要素是整个经营要素的基础。

8.4.1.2　信息与品牌信息

信息是数据经过加工处理后得到的另外一种数据，对接收者的行为有一定的影响。可以简单地理解为"有用的数据叫信息"。

作为资源的信息具有如下特点：①信息是和决策密切相关的，正确的决策有赖于足够的可靠的信息，信息又通过决策来体现其自身的价值；②信息可影响甚至决定组织的生存，能够给组织带来收益；③获取和利用信息时往往要花费一定的费用成本，正因为如此，信息利用者就必然会考虑到他们的花费对改进管理带来的功效是否合算，是否有必要获取和利用该信息；④信息往往具有很强的时效性，延迟的信息可使其功效减少或全部消失，甚至可能起到截然相反的作用。

品牌信息意指能够对品牌内涵进行表达解释的信息，是能够降低交易风险或不确定性的东西。品牌信息符合一般信息的所有属性，其目的是能够充分引发消费者的联想，并暗示其联想的内容，与品牌关系模型中消费者头脑中的构建相连接，其运动规则是释义功能依赖于表层符号的表现，在品牌关系模型中称之为品牌意识化的运动过程，这是品牌系统的外延部分。

8.4.1.3 替代与经营要素替代

替代是指不同产品在不同消费者之间，不同资源在不同用途之间相互置换，且能够达到相同的效果。所谓经营要素替代，是指具有比较成本优势的经营要素对具有比较成本劣势的经营要素的全部或部分的取代，发挥相同的经营作用。

完整的经营活动由众多的经营要素组合而成，这些要素在特定的价格下可以进行部分的替代，并依然能够达到经营的目的或效果。

8.4.2　品牌作为信息在经营中发挥作用的机理

8.4.2.1 机理成立的条件

（1）存在信息不对称的经营环境。

尽管经济学中有信息对称的假设，但在实际的市场交易行为中，买卖双方信息不对称却是客观存在的。也只有存在这样的经营环境，品牌才能作为经营工具出现并存在，如果不存在信息不对称问题，品牌就没有存在的必要了。

（2）信息劣势方搜寻信息的原因是自发的。

为了弥补这一信息不对称在交易中带来的交易劣势，买方通过获得产品信息，在一定程度上降低交易劣势的风险，不过随之而来的是交易成本的增加。卖方通过广泛的信息传播活动使买方获得有益于卖方的信息，以增加竞争优势。这一过程是自发进行的。

（3）交易风险与交易成本之间的关系是可逆的。

在一定范围内，这种交易劣势风险和交易成本之间的此消彼长的关系是可逆的。可以通过增加交易成本使交易风险降低，也可以通过适当增加风险而降低交易成本。

8.4.2.2　机理的形成

由于交易双方各自掌握信息的不对称性，使得双方沟通的费用增加，交易成本上升。相对于卖方而言，绝大多数的交易成本由买方承担着，这就使得买方有要求降低所承担交易费用的趋势，实现的途径就是以更低的成本获得产品信息。对于卖方而言，告知买方有效的产品信息即是主动承担部分交易成本，相当于增加了买方的让渡价值，卖方的这一行为是为了获得买方的消费习惯，而品牌作为重要的经营工具是一个多性质的复合体，其中一个重要性质，即品牌具有信息要素的性质，包含有产品品质信息，而这一信息对消费者的影响经过反复强化能够形成消费习惯。于是，降低买方交易成本能够获得其消费习惯，在这一点上，买卖双方取得统一。

也正因双方认识的统一，多项交易成本可以被完全或部分替代，于是，品牌信息就成为一项重要的经营要素，在交易中具有了替代其他要素的能力。从这个角度来看，品牌就是对市场中信息劣势方的补偿工具，即从经营角度对品牌作用的解释——品牌对信息要素的替代原理。

8.4.2.3　品牌作为信息要素的作用

在企业经营中，信息的作用是降低经营决策的不确定性，提高决策水平。由此可以看出信息与不确定性之间的关系。不确定性是不可计量的风险，风险是可以计量的不确定性，信息就是通过对不确定性的降低来控制决策风险的。

对于买方而言，信息尤为重要，因为在每次交易当中都承担信息劣势带来的交易风险，为此搜寻信息是买方进行经营活动的重要方面。对于卖方而言，信息同样举足轻重，能否保有信息优势决定了与买方议价的能力。但在议价过程中，最终的选择权在于买方，卖方为了获得最终的选择也会适当增加让渡价值以争取买方选择与自己交易。让渡价值中就包括让渡信息的内容，卖方会将部分信息以品牌的形式通过广告等经营活动让渡给买方，买方通过品牌会增加交易信息，从而提高决策质量，以达到减少交易成本和降低交易风险的目的。

8.4.3 从信息角度对品牌的解释

8.4.3.1 关于品牌信息量的解释

品牌的经营作用体现着品牌作为信息集合的本质，品牌强弱的量可以视为品牌集合所包含的信息量的大小以及品牌信息质量的高低。通过品牌信息对决策水平的提高或风险的降低来估计决策不确定性的减少程度，再依据信息量的计量方法来推知品牌信息量的大小。经营是一项复杂的微观经济活动，包括生产、营销、研发等一系列复杂的过程。经营要素就是指在经营活动的环境下参与经营活动时必不可少的物质条件。参与市场经济经营活动的每一项要素都要求按其贡献参与分配，品牌与其他经营要素一样，是经营活动进行的必要条件。作为经营要素，品牌并不能直接创造价值，品牌经营是创造性的劳动，这当中自然有一部分是智力劳动，因其提高了劳动的效率，间接地创造了剩余价值。品牌的社会功能更多的是促使一部分要素完成了价值的转移，因为不是所有的要素都能顺利地发生价值的转移，因而在要素间也有竞争。品牌作为经营要素至少有以下三个性质完全不同的组成部分，即增值的劳动、价值的转移、重新分配超额利润，这也是品牌之所以复杂的原因。

8.4.3.2 关于品牌的创造性劳动的解释

品牌的塑造过程以及以后的作用机理，远非经济学所能解释，其中最复杂的就是如何解释品牌塑造的创造性劳动问题。创造性的劳动也是劳动的一种，是剩余价值的源泉之一，不过这项创造性劳动创造价值并不是直接创造剩余价值的，而是类似于技术或管理一样，是通过提高效率间接地创造剩余价值。不过，品牌的创造性劳动在品牌运营当中只占很少一部分，是满足人们精神需求的劳动。所谓的"品牌创造价值"就是指这一部分。品牌发挥作用的过程，部分完成的是价值转移的过程，如媒体传播的费用、商标保护的费用等。也就是说，品牌价值的运动过程大部分完成的只是价值的等额转移，由一个经营部门转移到另一个部门的过程。大部分经营活动就其运动本质而言都是等额的价值转移运动，只是各个要素在转移过程中表现的转移方式不同。品牌作为一种现代市场经济环境下的经营要素，表现出多种转移形式，但无论以何种形式的转移，等额价值转移的本质是一致的。

8.4.3.3 关于品牌作为分配工具的解释

品牌作为经营要素的最终作用就是参与重新分配所有的剩余价值，是企业间超额利润重新分配的过程，也是品牌最本质的性质。超额利润是指超过正常利润的那部分利润，又称纯粹利润或经济利润。一些企业多分的超额利润的原因很复杂，一般认为技术进步、新产品出现、消费者偏好的改变是其主要原因。品牌重新分配超额利润的功能就是通过改变消费者偏好或维系消费者偏好实现的。作为经营要素，品牌具有多重的功能，但如上三点性质基本概括了品牌经济要素的性质，这三点性质又是通过不同的形式来实现的，如增值劳动通过符号传播的运动来实现，价值的等额转移依靠品牌关系的运动来实现，重新分配超额利润通过信息要素的运动来实现，品牌经营要素替代原理就是品牌通过信息要素的形式来实现重新分配超额利润的基本机理与过程。

8.4.3.4 品牌对于经营双方作用的解释

品牌在现代企业经营当中起着至关重要的作用。为了研究品牌在经营活动中的替代作用，我们将研究的对象追溯到品牌兴起之前的企业经营活动，那时的市场竞争主要是价格成本等一些简单的经营竞争，简单的商业活动几乎没有什么交易成本，即使有交易成本也是买卖双方共同承担。但随着市场的扩大，商品化程度的加深，交易风险出现，对买卖双方的影响也越来越大，为消除这一风险给买卖双方带来的影响，在买卖双方之间增加了交易成本。然而随着供求关系的变化，买卖双方对各自承担的交易成本的比重也发生了变化。买方逐渐成为交易信息的劣势一方，但由于受到供求关系的左右，买方仍具有讨价还价的优势；而对于卖方而言，尽管具有交易信息的优势，但却是在讨价还价中劣势的一方。于是，从单纯的交易角度看，买卖双方的交易关系就是交易信息和讨价还价能力之间的博弈关系。买卖双方自觉解决这一矛盾的方法有很多，例如，公平公开的拍卖、搭建第三方交易信息平台等，但市场也给出了它自发的解决措施，即品牌替代。对品牌作为经营要素具有的替代作用，有三点基本认识：首先，品牌可以成为经营的要素，并与其他要素一起共同形成了全社会的经营活动；其次，至少在一定的范围内这些经营要素之间是可以相互替代的，依然可以获得同样的经营效果；最后，这些要素之间的边际替代率是不稳定的。

假设是在一个均衡封闭的细分市场内，某种商品的总交易量是恒定的值 N，其中劣质品为 $a\%$，它可以被视为交易的风险，与它相对等的是交易信息成本，应该小于 $a\%$，买卖双方共同承担交易风险，但买方承担大部分交易信息成本。姑且认为是买方承担全部的交易费用，因为这是买方必须承担的交易信息不对称带来的交易劣势风险，这一成本是买方通过讨价还价能力力求改变的。当经营发展到一定阶段时，品牌作为一种经营要素出现在市场交易当中，在一定程度上可以替代交易信息要素。这就是品牌与信息之间的替代原理：为降低或消除交易风险对经营的影响，买方可以通过付出选择成本来化解部分交易劣势风险。简化起见，我们将这一组成部分作为交易信息成本，假设它是该产品市场所有购买者无法回避的一项交易成本，这一成本的形成是信息不对称的结果，个体购买者为降低自己的购买成本，必须获得更多的信息，从购买者的角度看这一过程即是信息熵递减的过程，其中品牌的承诺或是承诺经验的积累构成的熵减对补偿信息劣势的购买者来说就形成一种选择的成本替代。按上述假设，在该封闭细分市场内有多项品牌，其中一项品牌 i 的次品率是 $i\%$，（假设 $a>i$）。对于选择这一品牌的购买者来说，这 $i\%$ 的损失风险发生即是选择该品牌的交易信息成本。在其他条件都不变的情况下，$(a-i)\%$ 就可以简单地视为品牌 i 所减少的选择成本部分。这是该品牌 i 的释义信息熵减的结果，是为获取该品牌释义信息熵减的成本即相对于选择成本的减少而增加了的价格补偿。作为交易成本一部分的交易信息成本下降，从表面上看是品牌作用的直接结果，因为品牌现象过程表面上是连续的且作用是直接的，其实不然。在品牌与交易信息成本之间的替换并不是直接发生的替换，它们两者之间有一个过渡，即品牌释义信息。品牌释义信息是具有品牌特征的信息要素，品牌释义信息对交易起着简化的作用。值得一提的是，整个封闭市场内，$\sum(a-i)\% = 0$。因为品牌本身并不创造价值，而是重新分配剩余价值、追求超额利润的竞争工具。当然，这一过程是可逆的，当信息获得成本低于必要的品牌使用成本时，理性消费者会自动选择信息对品牌的替代。一个掌握计算机知识的消费者在选择购买计算机时，能够以较小的信息成本获得计算机的质量信息，从而放弃品牌机而选择兼容机的购买行为，这是逆向替代的典型案例。

　　总之，从个体消费者效用的角度看，消费者对某品牌的商品所支付的价格取决于它的边际效用，而且消费者对某品牌的偏好是有差异的，消费者根据了解其边际效用大小而愿意支付的价格总额与他实际支付的价格总额之间就会出现差额，这个差额在经济学中被称之为消费者剩余，在市场营销中被称之为让渡价值，无论从哪个角度理解，品牌释义信息的内涵是一致的，即品牌通过释义信息替代交易成本，减少了交易风险，增加了消费者剩余，增加了消费者让渡价值，也正因如此，品牌作为经营要素参与了经营活动的循环过程。品牌的本质是信息，而信息是可以被精确度量的，从这一角度看，品牌的量也是可以被精确度量的。信息作为自然科学的研究对象，有定量的描述。对某个量作定量表示时，往往将它与某一适当的标准量进行比较。信息量的大小取决于信息内容消除人们认识不确定的程度，消除的不确定程度大，则发出的信息量就大，消除的不确定程度小，则发出的信息量就小。如果事先就准确地知道消息的内容，那么消息中所包含的信息量就等于0。一个特殊的情况：如果信息使得人们认识的不确定程度更大了，则该信息量为负值。

　　品牌与信息作为经营要素进行相互替代的原理是品牌信息本论的核心内容，也是品牌信息本论的中心，是整个品牌管理科学教学与科研的起点。

9. 品牌信息的单位与信息量

确定品牌信息的本质，即在品牌信息本论的基础上，从经营要素的替代原理来理解品牌的本质，品牌是通过与经营中的信息要素进行的替换而发挥作用的。因而在品牌的量纲符号系统中所使用的基础符号与信息符号都是一致的。尽管风险和不确定性对于交易的含义是不同的，但信息对两者所起的作用可以被近似地看作是相同的，为此，可以将品牌理解为规避交易风险的工具。

品牌信息本论起到的最基础也是最重要的作用就是确定了品牌的单位，这也是品牌管理科学范式符号系统中的首要问题，即品牌的基本单位的确定。

9.1 信息的量纲

品牌影响有强有弱，品牌形象有好有坏，品牌优劣的比较，都可以通过一个基本量纲对其进行描述。在前一章中对品牌信息本质的理解和认识使得对品牌基本单位的确定成为可能。在此基础上，才能展开对品牌信息量的度量。本章所要讨论的就是有关品牌基本量纲的问题。

9.1.1 信息量纲的由来

现代信息学中常用的信息单位是比特（Bit），它是 Binary digit（二进制数）的缩写，是克劳德·香农（C. E. Shannon）在其著名的《通信的数学理论》（1948）中首次使用的描述信息量的术语。在信息论尚未作为一门学科建立起来之前，信息的度量一直是一个长期未能得到很好解决的问题，自《通信的数学理论》后，才将信息量的定量描述确定下来。

信息作为自然科学的研究对象，有定量的描述。对某个量作定量表示时，往往将它与某一适当的标准量进行比较。信息量的大小取决于信息内容消除人们认识的不确定程度，消除的不确定程度越大，则发出的信息量就大，消除的不确定程度越小，则发出的信息量就小。如果事先就确切地知道消息的内容，没有不确定性的存在，那么消息中所包含的信息量就等于 0。

9.1.2 信息量纲的内容

设 x 代表一组随机事件 x_1，x_2，$\cdots$，x_n，其中 $p(x_i) = p_i (0 < p_i < 1)$ 是 x_i 出现的概率，且 $p_1 + p_2 + \cdots + p_n = 1$，则定义事件 x_i 的自信息为 $I(x_i)$。或者简写成 I，且 $I(x_i) = -\log p_i$，在此定义中，没有指明对数的底。自信息量的单位与所用对数的底有关。

其一，当取底为 2 时，自信息量的单位为比特（bit），如 $p(x_i) = 1/2$，则：

$$I(x_i) = -\log_2 1/2 = 1 \text{（比特）}$$

其二，当取底为自然对数 e 时，自信息量单位为奈特（Nat）。

其三，当取底为 10 时，自信息量的单位为哈特莱（Hartley），这是为了纪念哈特莱（Hartley L. V. R）在 1928 年最早给出信息的度量方法。

三者之间的换算关系为：

1 奈特 = $\log_2$ e 比特 = 1. 443 比特

1 哈特莱 = $\log_2$ 10 比特 = 3. 322 比特

其中，以 2 为底的信息量单位比特是信息度量的基本单位。对于信息量的理解，应注意以下问题。

第一，信息量是概率的函数，$I = I[p(x_i)]$。

第二，$p(x_i)$ 越小，I 越大；$p(x_i)$ 越大，I 越小。

第三，信息量的可加性。

9.2 品牌度量单位的确定

9.2.1 品牌信息的单位

品牌的本质是信息，与其他本质为信息的事物一样，其单位为比特，比特是组成信息的最小单位。表示一个比特需要使用两个状态，如开和关，换成交易中的语言，就是交易行为中的买或是不买，就可以被简化理解成为 1 和 0。对一件商品购买与否的决策在没有任何依据的情况下和掷硬币结果是正面和反面是一样的。购买与否的决策可以通过掷硬币的简化方式处理，而投掷一枚硬币结果是正面还是反面所包含的信息量就是一个比特。

假设消费者在多种购买选择当中只能选择一种，交易中的多种选择即可以模拟为多重决策结果。如在六种备选商品中选择一种购买的决策可以被模拟为掷骰子，投掷 6 面体唯一一面朝上的结果。在信息量计算上这一交易行为所包含的信息量为 2.6 比特。将掷硬币和骰子的游戏换成消费者面对一个只有 2 个品牌或 6 个品牌的市场，消费者在该市场进行选购的过程和游戏就一致了。

一个特殊的情况：如果信息使得人们认识的不确定程度更大了，则该信息量为负值。

下面就是一个使用信息量单位对信息进行度量的典型案例：

某人到某单位找一位朋友，假设该单位共有员工 1000 人，那么在此人头脑中，目标的可能性空间为 1000 人，一次就找到朋友的概率是 1‰。到了该单位门口，门卫告知"他的朋友是某部门的"，而已知该部门有 100 人，于是目标的可能性空间为 100 人；到了部门，又得知朋友是某办公室的，而该办公室只有 10 名员工，至此目标的可能性空间为 10 人，只需要在 10 个人中寻找就可以了。

整个找人的过程一共获得了两次信息，每次信息均可度量，而总信息量就是各次信息的总量。在该案例中，目标的可能性空间缩小到原来的 1/10，并不是直接用 1/10 来计量信息，而是以概率差的负对数来表示其相应的信息量（关于度量在随后的研究中阐述）。

值得注意的是，信息量的计算公式恰好与热力学第二定律中熵的公式相一致，只是多了一个负号，熵是系统的无序状态的度量，即系统的不确定性的量度，而信息量与熵所反映的系统运动过程的方向相反，是确定性的量度。因此，信息在系统的运动过程中视为负熵。

9.2.2 品牌信息以 2 为底的解释

更复杂情形的信息量都是从这种最简单的情形变化而来的。正由于最简单的信息只具有两种可能，因此计算信息量时采取以 2 为底的对数可以获得最基础的信息量值为 1；品牌信息的传播是一对二、二对四、四对八这样以二的指数传播的，可以视为 $y = 2^x$ 的函数变化，$\log_2 y = x$ 计算信息量就能正确反映出信息量的真实情况。为此，品牌信息量的度量选择使用以 2 为底的对数。

9.3 品牌信息量

9.3.1 对品牌信息量分析的假设和思路

9.3.1.1 基本假设

品牌信息量，简称为品牌量。品牌对于企业经营的作用是多方面的，但至少可以简化为两方面的作用：其一，对外的影响力，即通常所说的市场力，这是品牌作为营销工具最直接的作用体现，是品牌对于消费者和潜在消费者的影响力。其二，对内的影响力，就是品牌对组织内部员工的影响力，可以通过有无品牌企业间的员工在遵循可比原则的基础上对待工资下降的容忍程度（员工忠诚度）的比较反映出来。

这一过程包括了三个基本假设：

假设一：消费者面对的市场是一个封闭的市场，不受其他市场的影响。

假设二：相同量的品牌对消费者影响相同，即消费者在一次交易中所选择品牌的概率是相等的。

假设三：其他有关交易信息的因素忽略不计，影响消费者决策的因素仅包括品牌所包含的信息。

9.3.1.2 对品牌量分析的思路

品牌度量框架的构建基于对内对外两个部分共同作用的关系分析。品牌量（Ω）由品牌影响力决定，即由外部影响力 α 和内部影响力 β 共同作用决定，构建品牌度量框架的基本步骤如下：首先分析品牌量变化的基本规律，并由此判断 α 和 β 关系及品牌量的主要性质，才可构建整个度量框架和计量模型的基本形式。

9.3.2 以买方和卖方数目为变量的品牌量变化分析

一个品牌的信息量取决于买卖双方的博弈关系，当然也不能忽略对内部的影响。下面将在买卖双方关系变化的条件下，讨论品牌信息量的变化和规律。

令 A 品牌包含的信息量为 Ω（品牌量），α 为品牌外部影响力，β 为内部影响力。

9.3.2.1 品牌量变化的基本规律

品牌量的增加或减少是由该品牌对不确定性降低的多少来决定的，无论对内对外的影响都是通过降低不确定性来改变品牌的量。品牌量最终受限于市场和企业总体规模的经营状况两方面，如图 9 - 1 所示。

横坐标 S 为某市场发展的时间序列。其中四个阶段是从完全竞争市场到完全垄断市场的全过程。

纵坐标 I 为信息量或不确定性。

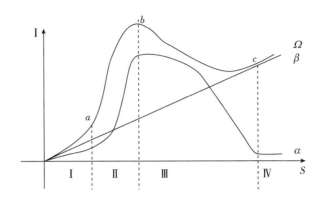

图 9 - 1　品牌量变化的基本规律

9.3.2.2　分段分析

（1）完全竞争阶段（Ⅰ）。

完全竞争市场的特点是买卖者有无穷多个、产品同质、资源可以自由流动、信息完全交流。此时的竞争方式较为简单，产品同质化程度高，主要运用价格等手段，品牌的作用对内对外都非常有限。

（2）垄断竞争阶段（Ⅱ）。

垄断竞争市场的特点是买卖者很多、产品是有限异质的、资源可以流动、信息可以流动。此时的竞争有出现差异化的可能，品牌作为营销差异化的主要工具将发挥巨大的作用。此时运用品牌竞争有可能产生马太效应，使品牌量巨幅增长。不过这一增长主要来自对外影响力的增长，内部增长是线性有限的。

（3）寡头垄断阶段（Ⅲ）。

寡头垄断市场的特点是卖者较少、产品可能同质也可能异质、资源流动困难、信息交流困难。竞争到一定阶段后，营销的差异化越来越小，品牌给企业的对外影响力开始逐渐下降，品牌对内的巨大作用逐渐显现。总的品牌量是在缓慢下降中，而且对内对外的作用也在发生深刻的变化。

（4）完全垄断阶段（Ⅳ）。

完全垄断市场的特点是卖者只有一个、产品没有替代品、资源不流动、信息不能流动。达到垄断地步的企业再也无须差异化营销了，对外的能力只要控制好市场的垄断地位其收益是最大的，因而此时的品牌量将锐减，直至降低到几乎没有外部影响力的作用，而只剩对内的作用，因此，最终 Ω 和 β 高度相关。

一个市场不确定性最大的时候是其中所有品牌的影响力相等的时候，即消费者对某品牌选择等概率发生的时候，是一个从完全竞争向垄断发展的过程，随着一个市场的逐步成熟，其中的不确定性也越来越少。直至成为寡头垄断甚至绝对垄断的时候，品牌竞争的形式和手段都会发生深刻的变化，其中用于降低不确定性的部分会越来越少。与此同时，品牌对内部的影响力随着组织的不断扩大会越来越重要，品牌的作用会显得越来越重要，品牌的作用是一个从外部逐渐向内部转移的过程。

由此可见，品牌量从创建起逐渐增加，增至第一个拐点 a 时，即品牌出现自我传播现象时，出现马太效应，品牌量大幅放大。至最高点时出现极值 b 时，即品牌知名度和美誉度到达顶峰，没有再增加的空间，品牌的作用发生变化，对内作用逐渐显现，对外的作用递减。继续发展至第二个拐点 c 时，组织几乎不再需要品牌对外的影响力，此后的品牌量的变化约等于品牌对内影响力的变化。

9.3.2.3 品牌量的性质

由此判断，品牌量的性质和品牌对内对外两部分影响力共同形成品牌影响力，两者之间关系紧密，但两者的关系不是简单的叠加。由以下现象为判断依据对两者及整个度量框架的性质进行判断。

（1）品牌量的非零性质。

在投入初期，如果没有外部消费者的认可，品牌量的增值受到明显的限制。品牌影响力首先形成对内的作用，即使其对外影响力为 0，但品牌量不会为 0。可见其品牌量的性质并非是"只有市场认可，否则品牌影响力为 0"的结论。一个品牌，只要应用在经营活动中，或大或小都会有一定的信息量，即只要是用于经营的品牌，其信息量就不为 0，即品牌量的非 0 性质。

（2）品牌量的有序性质。

内部员工对外部消费者也有直接的影响。在品牌传播的过程中，内部员工对品牌的认可对于品牌传播是至关重要的。品牌对消费者直接的影响再大，如果内部为零，甚至为负，该品牌也是无本之木，对外部消费者的影响会大打折扣，甚至根本无从谈起。可见，一个品牌首先是内部影响力的塑造，内部影响力是非零非负的，其次才是对外影响力的塑造。二者存在严格的度量顺序，即品牌量的有序性质。

（3）品牌量的非线性性质。

品牌在每个阶段的作用是不同的，但最终品牌在市场中的作用减小到 1 为最小值，而品牌量与对内部的影响力到完全相等为止。品牌对内部的作用是随着组织不断增加而增加的，其作用可以近似地认为是线性的增加。而对外部的作用具有马太效应，是非线性的。

由上述品牌量的变化规律可见，品牌量的增加有明显的马太效应的影响，因而品牌量具有明显的非线性性质。

品牌是一个比营销大的概念，涉及经营的方方面面，远不止于营销工具的作用，但对品牌本质的认识现阶段国际学术界仍处于一个丛林阶段，品牌是营销工具的认识仍是主流。但对品牌的度量逻辑应该遵循一般事物的度量逻辑，而不能因为其量的难以确定而避开量的度量直接进行资产价值的评估。只有跳出这一认识的束缚，以品牌信息本论为认识基点，将品牌作为经营系统的工具，其复杂的内核才能被逐次解开，对它的评估才有科学的逻辑，才有实用的价值和意义。

（4）品牌量的时效性。

品牌的量是由信息量决定的，它具有所有信息的属性，本身也具有自然衰减的客观规律，即使有忠诚度的品牌，也仅是在一定程度上起到阻滞衰减或减缓衰减而不可能完全抵消衰减的作用。也为此，品牌的量具有显著的时效性，这一点体现了品牌量值的动态特点，即称，品牌量是个随时都在变化的信息量。

品牌本质是信息，而且在经营中的品牌表现为多锚信息，尤其是在品牌信息不断加强和重复的过程中，品牌信息量既存在自然衰减，又存在新的信息重复的情况下，品牌信息总的表现是一种多锚衰减的曲线。这一性质将在 10.5 节有关品牌忠诚度问题中予以详细阐述。

10. 品牌经营指标与品牌信息量的换算逻辑

精确度量品牌基于对信息的度量，信息是降低不确定性的东西，就是交易中我们必须面对的交易风险。品牌信息的基本作用就是降低交易的风险，品牌包含的信息量的大小就是降低风险的多少。换句通俗的话说：交易双方可以通过品牌信息来降低交易中的风险。

"一切有关决策的参考因素均可视为信息"，包括品牌在内，有关交易决策的一切参考均可视为信息。品牌的本质是信息，基本作用就是降低交易当中的不确定性（风险），其单位是信息单位：比特，品牌度量的量是指品牌包含的信息量。信息是可以度量的，同理，品牌的量是可以通过对其包含的信息量的度量来进行的。只是需要将描述品牌的指标转换成信息量的计算参数或变量，下文将按照品牌指标的顺序：知名度、认知度、联想度、美誉度、忠诚度，逐个将其转换为信息量计算变量的逻辑和方法。

10.1 由品牌知名度确定的品牌信息量

由知名度确定品牌信息量的度量是将品牌作为一个复杂经营现象进行度量的起点，也是品牌信息本论对品牌的信息本质进行阐述和证明的第一步。这一步的意义不仅确定了"品牌的本质是信息"的理论，也是对品牌可以精确度量的证明和开始。

10.1.1 品牌知名度转换为信息量的度量公式

10.1.1.1 信息度量公式

品牌是一种典型的自信息，其度量式适用自信息的度量式，基本式如式（10-1）所示：

$$H(x) = -\sum_{i=1}^{n} p(x_i) \log_2 p(x_i) \quad (i = 1, 2, 3, \cdots, n) \qquad (10-1)$$

$X_i \sim$ 第 i 个状态（共有 n 个状态）。

$p(x_i) \sim$ 第 i 个状态的概率。

$H(x) \sim$ 用以消除该系统不确定性所需的信息总量。

10.1.1.2 品牌知名度转换为信息量的逻辑

品牌知名度的度量直接结果是百分率，即受访者有百分之多少的人知道该品牌，一定的知名度带给消费者的信息量需要使用信息度量的公式进行计算。

在没有知名度信息的情况下，消费者是否知晓一个品牌的名称是不确定的，知道与不知道是个正反选择的问题，消费者对一个品牌是知道还是不知道犹如抛起硬币得到的结果是正面还是反面一样，对一个品牌的知晓与否就是一个包含 1 比特信息量的决策问题。

知名度与品牌信息量之间应该存在一个确切的函数关系：

$$M = K - F(z) = K - \sum_{i=1}^{n} \frac{\mathrm{d}y}{\mathrm{d}x} p(x_i) \log_2 p(x_i) \qquad (10-2)$$

其中，$F(z)$ 描述的是与知名度有关的消费者知晓问题的不确定性，知名度越低，不确定性越大，知名度越高，不确定性就越少。$F(z)$ 与香农公式没有负号的部分 $\sum_{i=1}^{n} p(x_i) \log_2 p(x_i)$ 就是描述不确定性的部分一致。$p(x_i)$ 与知名度有关，常数 K 是不确定性的最大值，即品牌没有对消费者有任何影响的时候，完全不能确定消费者是否知晓品牌时，理论上，等概率事件是不确定性最大的时候，即：

$$H(x) = -[p(x_1) \log_2 p(x_1) + p(x_2) \log_2 p(x_2)]$$
$$= -[0.5\log_2 0.5 + 0.5\log_2 0.5] = 1(比特) \qquad (10-3)$$

一位消费者对某品牌的知晓与否的信息量度量过程，犹如抛起硬币时的信息量，知道与否的概率各占 0.5，由此可以推定常数 K 应该等于 1，整理该上述公式为：

$$M = 1 - [f(z)\log_2 f(z) + f(1 - z)\log_2 f(1 - z)] \qquad (10-4)$$

在样本量及样本知名度确定的情况下，仅计算该样本知名度产生的品牌信息量的公式为：

$$M = S_i\{1 - [f(z)\log_2 f(z) + f(1 - z)\log_2 f(1 - z)]\} \qquad (10-5)$$

在零知名度情况下，品牌信息量为 0。

经简化，在随机消费者情境下，使用最基本的信息度量公式即可度量一个消费者对一个品牌知道与否的信息量。这样，在有知名度的情况下，由信息公式对品牌进行的度量就有了第一个有关知名度的公式：

某品牌在第 i 层调研样本中的有效信息量（M_i）＝第 i 层样本内调研对象总数×第 i 层样本的品牌知名度×一个消费者对该品牌的选择决策信息量

$$M_i = S_i \times Z_i \times H(x) \qquad (10-6)$$

m_i ~ 某品牌在第 i 层样本中传播的有效信息量。

S_i ~ 第一层样本内调研对象总数，单位：人。

Z_i ~ 第一层样本的品牌知名度，单位:%。

$H(x)$ ~ 消费者知晓品牌的信息量，单位：1 比特/人。

三者的积，即为该品牌在 i 样本当中具有的信息量。其中每位对品牌知晓的消费者包含的品牌信息量是 1 比特/人，M_i 的单位是比特。

品牌信息的发出者称为品牌信息源，消费者是品牌信息接收者，信息源发出的信息量多少取决于信息的强弱、通道的干扰、信息衰减等因素。能够被消费者接收到的信息被称之为有效的信息，如下某品牌传播的信息量是从消费者角度计算有效到达接收者的信息量。

10.1.2　品牌传播的有效信息量的度量公式

品牌知名度的信息量通过品牌平均知名度、目标人群总数、一个消费者知晓品牌的信息量这三个数值，将一个品牌的知名度转换为该品牌传播的信息量问题。

$$M = S \times Z \times H(x) \qquad (10-7)$$

$H(x)$ 是一个消费者知晓该品牌的信息量，1 比特/人，它起到将知名

度 Z 与样本人数乘积的单位转换为信息单位比特的作用，因取值为 1，所以在后续公式中为简化公式，直接保留单位为比特，简化公式如下：

$$M = S \times Z \tag{10-8}$$

M ~ 某品牌传播的有效信息量。

S ~ 目标人群总数。

Z ~ 品牌知名度。

这一步最为关键，是对品牌进行定量研究的起点，是对所有有关品牌的描述性指标进行量化处理的依据。在对品牌进行描述的所有指标当中，知名度的获得是最容易的，但通常只能应用于品牌间的比较，无法与其他指标进行综合，虽然通过简单的加权算法，将其各种指标合并在一起，形成一个综合值（有称为品牌影响力等），但没有统一的量的转换，这种加权得到的值是否具有可比性是深受质疑的。

也只有将这一指标在信息本论所确定的品牌信息单位的框架下转换为信息量的值，这种比较才有意义，而这一切都需要从品牌作为信息的最基础的作用开始。知名是一个厂商对品牌最起码的要求，只要有一定的知名度，品牌就可以作为营销工具使用，对消费者就或多或少地有影响，但知名对于品牌而言是远远不够的。知名的作用是很有限的，即使达到 100% 的知名也不一定称得上是一个真正意义上的品牌，品牌作为信息本质具有自然衰减的性质，知名对信息的支撑作用非常短暂有限，从这个角度讲，品牌信息增长过程的目标就是使得信息的自然衰减减缓或受到阻滞。这需要后继进行大量的工作，使简单的知名复杂并深刻起来，从一个仅知道与否的（知否）信息，一步步成长为复杂稳定的多镒信息。

10.2　品牌认知度对品牌信息的增量

10.2.1　品牌认知度对品牌传播的信息增量的计算公式

10.2.1.1　消费者完全知道一个品牌信息的极值 R_{max} 的求解

每个消费者的认知度能够到达的最大值都是一个确定的值。一个消费者完全知道一个品牌所要传播的信息量，或者说一个消费者在一个具体的行业中，对其中一个品牌掌握的所有信息的量是个确定的值，它依据这个行业当中的品牌数目而定。

品牌数目确定的信息量极值是依据"在备选品牌发生概率相等时品牌信息量最大"的原则下，根据品牌所处行业中的品牌数目而确定的值。

R_{max} 是消费者完全知道一个品牌所要传播的信息量的极值。依据行业内的备选品牌数目等概率发生时的信息公式而定，是认知度达到 100% 时的信息量。

计算式如下：

$$R_{max} = -\sum_{i=1}^{n} p(x_i) \log_2 p(x_i)$$
$$(p(x_i) = p(x_2) = p(x_3) \cdots = p(x_n)) \tag{10-9}$$

$p(x_i)$ ~ 消费者对第 i 个厂商品牌选择的概率。

n ~ 行业中的品牌个数。

例1：一个消费者对某种产品知晓的品牌数目为 6 个。仅仅依据知名度而言这六个品牌所包含的信息量是一样的，都是 1 比特。将上述公式中掷硬币的例子换成掷骰子的游戏，即将一个消费者面对知晓与否的问题转换为六种备选方案选择其一的问题。消费者面对一个 6 个品牌的选择，选择任意一个所发生的概率都是 1/6，计算如下：

$$R_{max} = -[p(x_1)\log_2 p(x_1) + p(x_2)\log_2 p(x_2) + p(x_3)\log_2 p(x_3) + p(x_4)$$
$$\log_2 p(x_4) + p(x_5)\log_2 p(x_5) + p(x_6)\log_2 p(x_6)] = -[1/6 \times \log_2(1/6) + 1/6 \times$$
$$\log_2(1/6) + 1/6 \times \log_2(1/6) + 1/6 \times \log_2(1/6) + 1/6 \times \log_2(1/6) + 1/6 \times$$
$$\log_2(1/6)] = 2.6(\text{比特})$$

这 2.6 比特就是消费者在一个只有 6 个品牌的市场内，若要完全知道其中一个品牌所要传播信息所需的信息量，就是该消费者对一个品牌认知度达到 100% 的极值。

从仅是知晓的消费者包含的 1 比特信息量，至完全了解品牌信息所需的 2.6 比特，认知度就是消费者对品牌信息知晓程度的量变过程，称为品牌认知深度，在上例中该认知深度就等于 2.6 - 1 = 1.6 比特；而 5 个等分，即每个问题所包含的信息量为 1.6 ÷ 5 = 0.32 比特。

例2：一个市场中有 6 个品牌，该市场中的某消费者对这六个品牌的

选择概率分别为 $p(A) = 0.5$，$p(B) = 0.25$，$p(C) = 0.125$，$p(D) = p(E) = 0.05$，$p(F) = 0.025$。计算该消费者具有的品牌信息量是多少。

解：由信息熵定义，这 6 个品牌对该市场输出的品牌信息熵为：

$$R = -\left[p(x_1)\log_2 p(x_1) + p(x_2)\log_2 p(x_2) + p(x_3)\log_2 p(x_3) + p(x_4)\log_2 p(x_4) + p(x_5)\log_2 p(x_5) + p(x_6)\log_2 p(x_6)\right]$$

$$= 0.5 \times \log_2 0.5 + 0.25 \times 0.125 + 0.05 + 0.025 \times \log_2 0.025$$

$$= 1.94 (比特)$$

即该消费者在该市场中接收到的信息量为 1.94 比特。

由上述两个例子可以看出，一个消费者在市场上接收到的信息往往小于能够接收的最大信息量。平均认知度可以用每个消费者对品牌的选择概率来计算，也可以通过对消费者调研来获得。

10.2.1.2 认知度对品牌信息增加量 M_2 的求解公式

求解 M_2 的第一步即为确定认知度最大品牌信息量的极值 R_{max}，然后依据品牌平均认知度（$\bar{R}$）、品牌平均知名度（Z）和目标人群总数（S），计算出一个品牌的认知度对其信息量的增加量。

认知度对品牌信息量的提高作用表现在消费者对品牌信息的掌握程度上，这一部分增量的程度用公式（$R_{max} - 1$）×品牌平均认知度来表示，其含义为在知晓品牌的消费者身上有 1 比特信息量，到该消费者掌握全部信息时的 R_{max} 比特信息量，由品牌平均认知度决定了消费者掌握品牌信息的现状，并由此决定了品牌信息量的多少。将该公式嵌入知名度和目标人群总数的积当中，即得到品牌的认知度对其信息量的增加量 M_2。如式（10-10）所示：

$M_2 = （R_{max} - 1）\times$品牌平均认知度 × 知名度 × 目标人群总数

$$M_2 = (R_{max} - 1) \times \bar{R} \times Z \times S \qquad (10-10)$$

M_2~品牌的认知度对其信息量的增加量。

R_{max}~消费者完全知道一个品牌所要传播的信息量的极值。

$\bar{R}$~品牌平均认知度。

Z~品牌知名度 = 知晓该品牌名称/受访者总数 × 100%。

S~目标人群总数。

可见消费者所能够达到的品牌信息量最大值既取决于每个品牌自身的信息量大小，也取决于行业中品牌的数目。

除上述品牌平均认知度（$\bar{R}$）和每个阶段的信息量外，计算消费者因认知度而具有的信息量时不能不考虑厂商所发出的品牌信息的大小问题，但这个问题并不反映在度量公式中。因为消费者对品牌的认识还依赖于厂商发出的信息量和有效性。即使消费者愿意了解该品牌，而厂商信息发出的量有限，结果也是无济于事的；或即使厂商发出大量的信息，却没有消费者愿意进行了解和认知，这些信息也是无效的。

10.2.2 品牌信息的基本量

通过品牌知名度和认知度所计算出的信息量称为品牌传播的信息量，这是品牌信息的基本量（J）。如式（10 – 11）所示：

$$J = M_1 + M_2 \tag{10 – 11}$$

$$J = S \times Z + (R_{\max} - 1) \times \bar{R} \times Z \times S \tag{10 – 12}$$

$$M_1 = S \times Z$$

$$M_2 = (R_{\max} - 1) \times \bar{R} \times Z \times S \tag{10 – 13}$$

M_1 ~ 某品牌知名度传播的有效信息量。

M_2 ~ 某品牌的认知度对其信息量的增加量。

S ~ 目标人群总数。

Z ~ 品牌知名度。

$R_{\max}$ ~ 消费者完全知道一个品牌所要传播的信息量的极值。

$P(X_i)$ ~ 消费者对第 i 个厂商品牌选择的概率。

$\bar{R}$ ~ 品牌平均认知度。

品牌基本量公式是品牌度量框架中的基本算式，后面所有对品牌信息量的公式都是以这个量的度量为基础。基本量的确定完成了品牌由指标描述到品牌量度量的关键步骤，是品牌信息本论的最为直接的作用。由此，可以将以往只能用指标来描述的品牌全部转换为信息量度量的表达式。

10.3 品牌延伸度产生的品牌信息

10.3.1 品牌延伸度在信息量度量框架中的位置

10.3.1.1 单一品牌延伸方式下延伸度的位置

品牌信息量是随着延伸的展开扩大的，在没有跨行业之前，延伸改变的是品牌信息基本量。在基本度量框架中，对单一品牌而言就是一个基本式的运算，单一品牌延伸无论是否跨行业，对消费者与潜在消费者信息量的度量是一样的，仍是按照知名度和认知度对基本量进行度量，无非是跨行业后品牌的知名度和认知度更大了，没有质的变化。因此，单一品牌延伸方式下，品牌延伸时增加了品牌的基本量，它的度量位置在基本量中。

10.3.1.2 主副品牌延伸方式下延伸度的位置

这一方式需要与母子品牌延伸方式清晰的分别来看，主副品牌与母子品牌之间的差异在于这个子或副是否能够独立称为一个品牌，如不能，则是主副品牌结构，副品牌不具有单独的品牌价值，它是对主品牌信息的补充，它的作用是增加品牌认知度的量。延伸是在一般品牌认知的基础上再增加一些信息量，这需要在调研中增加原品牌所在行业中对其延伸产品认知的调研，补充数据后可以完成，具体算法在后文部分完成。其位置应该是认知度一个系数。

10.3.1.3 母子品牌延伸方式下品牌联想度在度量框架中的位置

母子品牌延伸方式是跨行业延伸常用的方法，单一品牌方式下进行跨行业延伸的风险很高，所以大部分品牌在进行跨行业使用时，除再塑造一个品牌外，就只能是在母品牌的基础上进行子品牌的延伸了，而子品牌是可以单独称为一个品牌的，它本身是有价值的。因它与母品牌之间有很强的关系，母品牌的品牌信息量也在子品牌的影响下发生变化。度量时，需要对每个子品牌的信息量和价值单独计算，最后合计而成母品牌的价值。但不是简单的加总，首先，是主品牌和子品牌处在不同的行业里，各个行业的品牌单位价格是不同的，需要各自取不同的单价分别计算；其次，母品牌进行延伸时，信息量也不会完全复制于另一个行业，需要增加一个有关品牌延伸中的信息折减系数，对于这个系数的计算在下一段完成。它的位置应该是在母子品牌度量公式中的一个系数。

10.3.2　品牌延伸的品牌信息量度量公式

品牌延伸的作用对于品牌度量而言基本都是体现在基本量上，但因延伸方式的不同，具体的位置和度量方法也不尽相同，主要区别是延伸是否跨行业，下面就分别针对跨行业延伸和行业内延伸两种情况对品牌延伸的度量进行计算和分析。

10.3.2.1　行业内延伸的度量逻辑和算式

（1）度量逻辑和分析。

行业内延伸的情况就是增加产品用于满足同一行业内的新需求，主副品牌延伸方式全是采取行业内延伸的类型，单一品牌延伸方式有一部分也是行业内延伸。主副品牌中的主品牌（也称原品牌）在延伸中的信息量会有变化，副品牌对主品牌信息进行补充；单一品牌在行业内延伸就是增加产品仍使用原品牌，这也必然导致品牌信息量的变化。

行业内目标人群是一致的，不发生变化，增加一个产品项目使用原品牌并不会必然使得原品牌的信息衰减，甚至有可能直接进行信息的复制，使得品牌信息量骤增。只是这一复制只是对知名度下的传播量的复制，认知度有赖于消费者对新产品和品牌关系的进一步认知，直至达到与原品牌和原产品一样程度上的认知时才算品牌完全复制，此时的品牌信息延伸结束。

例如：某牛奶品牌具有一定的知名度、认知度和美誉度，经过联想度测试后开始在行业内延伸至酸奶产品，这是典型的单一品牌行业内延伸现象。消费者对于该品牌很熟悉，其知名度不会变，知名度下的品牌传播信息量全部被复制，而新产品和品牌之间的关系并不为消费者所知，需要品牌商做工作增加消费者对该品牌下的新产品酸奶进行认知，这一过程就是延伸过程。直至消费者对某品牌的酸奶认知度达到与该品牌的牛奶一样的认知度时方可称这一延伸结束。

从这个角度看，单一品牌的行业内延伸前半段就是信息复制，后半段是认知度的获得过程。相当于将延伸建立在消费者知名度复制的基础上。能否顺利地延伸成功不仅取决于知名度的大小，更取决于由新产品和原品牌之间的关系是否能够顺利地被消费者接受并认知。

这种延伸形式下，目标人群基本没有变化。基本量中的知名度也不发生改变，消费者对单一品牌的原品牌的知道与否没有变化，而认知度的信息量会发生改变。一般能够达到延伸能力的品牌都具有一定的美誉度和联想度，其平均认知度也能够达到相当高的水平，诸如品牌内涵或是品牌价值观的信息会有一部分消费者认知，如消费者对原品牌与新产品之间的关系的认知在概念上与原品牌和原产品的关系一致的时候，品牌认知度的信息量可以直接增加，可以说合理的延伸可以起到促进认知度增加的作用；但一个不当的延伸会使原品牌和新产品之间的关系与原品牌和原产品之间的关系产生歧义或矛盾，使消费者对品牌内涵或价值观产生质疑或混淆，虽然也在增加品牌信息量，但幅度很小。从这点上看，延伸能够增加的品牌信息量更取决于延伸中的新产品和原品牌的关系是否与原品牌和原产品之间的关系相一致。一致的时候增加明显，不一致的时候增量可能会很小，甚至不变。

（2）行业内延伸的系数（y_1）在度量框架中的位置。

上述中首先确定品牌行业内延伸的系数（y_1）在度量框架中的位置，该系数的作用是在品牌基本量的认知度上。将品牌信息的基本量（J）的公式 $J = M + R$，展开如式（10 – 14）所示：

$$J = S \times Z + (R_{max} - 1) \times \bar{R} \times Z \times S \qquad (10 - 14)$$

行业内延伸的系数在基本度量框架中的位置对应基本量中认知度部分。

某品牌价值（度量框架）= 知名度×目标人群总数 + 行业内延伸的系数×（信息量极值 – 1）×品牌平均认知度×品牌知名度×目标人群总数

增加了单一品牌行业内延伸系数之后，如式（10 – 15）所示：

$$J = S \times Z + T^{1 + y_1}(R_{max} - 1) \times \bar{R} \times Z \times S \qquad (10 - 15)$$

y_1 ~ 品牌行业内延伸的系数。

S ~ 目标人群总数。

Z ~ 品牌知名度。

R_{max} ~ 消费者完全知道一个品牌所要传播的信息量的极值。

X_i ~ 消费者对第 i 个厂商品牌选择的概率。

$\overline{R}$ ~ 品牌平均认知度。

（3）关于 T 值性质和 ∋ 的推导。

认知度提高的水平取决于底数 T，T 由延伸中的新产品和原品牌的关系是否与原品牌和原产品之间的关系一致性所决定。

T 的表达形式为：

$$T = 1 + ∋ \tag{10-16}$$

∋ ~ 延伸中的新产品和原品牌的关系是否与原品牌和原产品之间的关系一致性。

∋ 值可以通过对消费者进行一个调研实验获得，这样的方法比较简单，易于操作，但依据消费者的感觉使得该值比较主观。在开始为做关键点的确定可以使用这一方法简单地估算。过程如下：调研题目设计为"对消费者而言，是否能够接受在原品牌的认识上增加一个新的产品，这样是否会改变你对原产品的认识"。依据消费者对此问题的反应，将 ∋ 的值域定义在（−1，+1]，在延伸之初，∋ 值取 0，此时的 T 值为 1，y_1 也是 0，在未开始延伸前，品牌的信息量就是基本量。

当 ∋ 趋近于 −1 时，意味着新产品和品牌的关系与原产品和品牌的关系是完全冲突矛盾的，是一种典型的延伸不当，造成消费者对品牌概念的冲突。这也使得 T 值趋近于 0，T 值域为（0，1]，T^{1+y_1} 为减函数，表示消费者在混乱矛盾的延伸中降低了品牌的信息量。直至只剩知名度的信息量为止。

∋ 若是取 [0，+1]，表示一致性为正值，T 值的值域为 [1，2]，T^{1+y_1} 函数式为增函数。表示消费者在品牌延伸中接受了新产品，品牌信息量为此增加，直至与原产品相等。底数 ∋ 也是个变量，在 [0，+1]，随着新产品的发展，∋ 也逐步变大。

如精确度量 ∋ 值，上述依靠消费者对关系的理解是很难做到的，需要对э值做更深入的研究。由上述分析可知，消费者对延伸中的新产品和原品牌的关系是否与原品牌和原产品之间的关系一致性的判断是主观的，需要对э值做更为深刻地理解。

э的取值与品牌本身的开放性（O_y）和所要延伸行业的行业关联性（Z_j）有关。表示为：

$$э = F(O_y, Z_j) \qquad\qquad (10-17)$$

O_y ~ 品牌本身的开放性。

Z_j ~ 品牌所要延伸行业的行业关联性（品牌延伸折减系数）。

任何一个发展的系统都是开放的，品牌系统也不例外。它是在与外界进行必要的联系与交换过程中不断发展的。一个品牌是否可以进行延伸及其延伸程度都受该品牌系统本身开放程度的制约。开放程度与专业化程度负相关，开放程度越高的系统专业化越弱，专业化越强的系统开放性就越受到制约。因此，可以使用专业化程度的倒数来描述品牌延伸的这一性质。

一个品牌系统的专业化程度是在最初创立时就确定下来的，也就是从品名设计和品牌定位阶段就基本决定了一个品牌未来的跨行业延伸的空间。品牌系统覆盖的一般产品市场细分程度越高，其专业化程度就越高，专业化程度高的品牌更容易被消费者接受，因为是在细分市场中创立品牌系统，与专业化程度不高的品牌相比较而言，更容易建立品牌关系。然而在其之后的进一步延伸当中却受制于当初的定位，而难以利用品牌具有延伸的特性，实现延伸价值。

关于品牌系统自身的开放程度的度量，通过上一部分的阐述可以得出：系统开放程度与系统专业化程度相关。即品名和品牌定位与所处行业的一致性问题，这需要对消费者受众进行一次较大样本的抽象测试。调研内容和步骤如下：

第一步，设计一组与被试品牌接近的品名，包括相近的徽标和品名内涵的解释。

第二步，每个品名下设置一组行业名称及行业的主要产品名录。

第三步，消费者受众根据自己的理解将与品牌一致的行业选出。

第四步，将被试品牌下选择的行业进行统计，所得主行业被选择的数目与其他行业的数目进行比较。

第五步，统计运算。

如上调研统计的数据所要求的结果是品牌系统本身的开放程度 (O_y)，O_y [0，+1]，即完全不开放到完全开放。一个品牌品名和定位完全是针对一个专业细分市场，此时的品牌系统完全不开放，O_y 取值为 0；而一个无意义的符号也不会产生任何联系的名称，不和任何一个特定行业或专业产生关系，可以视为完全开放，O_y 取值为 1。

有关品牌所要延伸行业的行业关联性的研究见本节第六部分。

需要注意的是：对品牌专业化容易造成曲解的主要理论是品牌价值观唯一理论，即品牌只能有唯一的概念和核心价值，且要长期稳定。其实，两个不同的产品即使分属不同的行业，经过抽象后的概念和核心价值一致也可以符合延伸的基本条件，即：使用品牌系统开放程度来描述品牌延伸的可能性要比直接使用品牌与产品间的关联程度来描述确切得多。

（4）品牌行业内延伸的系数 y_1 的推导。

品牌行业内延伸系数 y_1 是一个函数，与次数比值有关。次数比值是指消费者购买新产品的平均次数与原产品的平均购买次数的比值。

单一品牌行业内延伸系数 = 新产品的平均购买次数/原产品的平均购买次数

y_1 ~ 单一品牌行业内延伸系数。

N_x ~ 消费者购买新产品的平均次数。

N_y ~ 消费者购买原产品的平均次数。

需要对消费者每次购买新产品和原产品的数额进行一次调研，再根据各自的销售总额，可以获得消费者购买新产品和原产品的平均次数，新产品的平均数除以原产品的平均数获得这一比值。

次数比值为零时还没有开始延伸，原品牌的信息量不变；当二者相等时，次数比值为 1，意味着品牌延伸使得消费者对新产品达到原产品的认知水平，也标志着延伸的结束，延伸结束后的原产品和新产品就不再区分，品牌的认知度调研将二者合并，品牌因新产品而增加的价值会反映在单价上，品牌信息量会趋于稳定。

按照ɘ取值的不同分为两种情况，第一种ɘ取值域在（-1，0）；第二种ɘ取值域在（0，1）。

第一种情况下，ɘ取值域在（-1，0），品牌行业内延伸系数y_1与品牌认知度R的关系如图10-1所示。

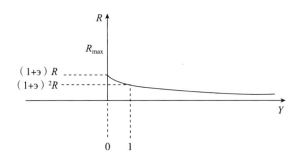

图10-1　ɘ取值域在（-1，0）时$Y-R$的关系

因为ɘ取负值，T底数小于1，y_1和R是减函数关系，y_1在延伸过程中的定义域是$[0，+\infty)$，当$y_1=0$时，R水平不变，之后认知度开始下降。理论上，在延伸不当造成的消费者对品牌概念的冲突中会对原品牌有淡化和损毁的风险。体现在图示和公式中，表现为：随着Y值增加，认知度R趋近于0，曲线无限接近横轴。

如式（10-18）所示：

$$J = S \times Z + (1+ɘ)^{1+y_1}(R_{max}-1) \times \bar{R} \times Z \times S$$
$$y_1 \subseteq (0，+\infty)$$

（10-18）

y_1~品牌行业内延伸的系数。

S~目标人群总数。

Z~品牌知名度=知晓该品牌名称/受访者总数×100%。

R_{max}~消费者完全知道一个品牌所要传播的信息量的极值。

$\bar{R}$~品牌平均认知度。

ɘ~延伸中的新产品和原品牌的关系是否与原品牌和原产品之间的关系一致性。

第二种情况下，ɘ取值域在$[0，1]$，品牌行业内延伸系数y_1与品

牌认知度 R 的关系如图 10 – 2 所示。

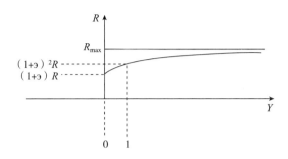

图 10 – 2　 э 取值域在（0，1）时 Y_1 – R 的关系

y_1 在延伸中的定义域是 [0，1），当 $y_1 = 0$ 时，使用第一个公式，R 水平不变。当 $y_1 = 1$ 时，即延伸完成，两个产品合并为一个品牌的度量。当 y_1 取值 [0，1] 时，延伸系数在度量公式中的表达式为：T^{1+y_1}。

如式（10 – 19）所示：

$$J = S \times Z + (1 + э)^{1+y_1}(R_{max} - 1) \times \overline{R} \times Z \times S$$

$$y_1 \subseteq [0, 1] \tag{10 – 19}$$

当 y_1 值超过 1 趋近于 ∞ 时，意味着新产品超过原产品代替原产品成为原品牌的主产品，R 水平趋近 R_{max}，此处的 R_{max} 更换为新产品的品牌数目计算认知度极值。当 y_1 取值(1，+∞)时，延伸系数在度量公式中的表达式为：$[\arcsin(y_1 - 1)]$

如式（10 – 21）所示：

$$J = S \times Z + [\arctan(y_1 - 1)] \times [(R_{max} - 1) \times \overline{R} \times Z \times S]$$

$$y_1 \subset (1, +\infty) \tag{10 – 20}$$

$$\lim_{y_1 \to \infty} [\arctan(y_1 - 1)] = 2$$

y_1 ~ 品牌行业内延伸的系数。

S ~ 目标人群总数。

Z ~ 品牌知名度 = 知晓该品牌名称/受访者总数 × 100%。

R_{max} ~ 消费者完全知道一个品牌所要传播的信息量的极值。

r ~ 品牌平均认知度。

₃~延伸中的新产品和原品牌的关系是否与原品牌和原产品之间的关系一致性。

10.3.2.2　跨行业延伸的度量逻辑和算式

跨行业延伸在母子品牌延伸方式和单一品牌延伸方式中使用，当延伸至其他行业或产品时，品牌信息的变化非常复杂，对于知名度的信息量和认知度的信息量都有可能改变，而且，当跨行业后的子品牌塑造成功后，其品牌价值就得单独进行计算。在跨行业延伸时品牌信息进行了品牌复制，但行业属性的差别使得原品牌在新增行业中不一定符合其行业属性，这也使得行业间的差异在品牌身上体现出来。行业间的差异在品牌延伸问题上称为品牌信息的折减问题，在下一节里进行讨论。由此将品牌跨行业的结果分成三种情况：其一，目标人群增加，认知度不变的情况；其二，目标人群增加，认知度改变的情况；其三，延伸完成后的品牌折减。

跨行业延伸和行业内延伸的不同之处在于延伸改变的量的位置和作用机理不同，行业内延伸基本就针对认知度有所改变，而跨行业的延伸时，新行业的品牌需要单独计算，如果是单一品牌延伸方式，计算结果需要与原品牌的价值进行合并，需要在认知度信息量计算上增加跨行业延伸系数（Y_2）。如是母子品牌延伸方式，子品牌也需要单独计算，那么合并时需要进行折减信息量。而且不同行业品牌的单价是不同的，需要各自按照各自行业的品牌单价进行计算。如下按照这一区别分类分析。

（1）单一品牌延伸方式的跨行业延伸（Y_2）。

单一品牌延伸方式的跨行业延伸之初，如果两个行业之间的关联度较大，目标人群的重复度较高，认知度的信息量可以复制一部分，但不会完全复制，复制程度依赖行业间的跨行业延伸系数（Y_2），知名度的信息量基本复制。所以信息基本量的公式修正为：

$$J = S \times Z + Y_2(R_{max} - 1) \times \overline{R} \times Z \times S \qquad (10-21)$$

Y_2~品牌跨行业延伸的系数。

S~目标人群总数。

Z~品牌知名度＝知晓该品牌名称/受访者总数×100%。

R_{max}~一个消费者完全知道一个品牌所要传播的信息量的极值。

r ~ 品牌平均认知度。

Y_2 是与行业关联性有关的函数，行业关联性由行业延伸的折减系数 Z_j 表示（见附录1）。Z_j 在延伸之初就是可以被复制的信息比例，随着认知度的提高，Y_2 逐渐增加并趋近于1，直至1，延伸完成，该品牌价值可以合并。其位置和作用都要和行业内延伸类似。

如果两个行业之间关联度不大，消费者重复度很低，则需要重新调研知名度，并确定知名度的信息量。对品牌即使有所认知，但对品牌在新行业中的产品也仅仅是知名度的信息量。对该品牌在新行业的内容还有待继续认知。对品牌延伸到的行业其价值需要重新开始，然后直接合并。这相当于重新建立一个品牌，将两个品牌的价值合并在一起。

品牌价值 = 原品牌价值 +（折减系数 Z_j）×品牌跨行业延伸的品牌价值

行业延伸的折减系数 Z_j 也是一个函数待定的值，具体问题将在后文详细阐述。

（2）母子品牌延伸方式的跨行业延伸。

母子品牌延伸方式下，子品牌可以独立称为一个品牌，子品牌本身具有价值，但由于它和母品牌之间的关联性，它的产生和发展会使得母品牌也有一定改变。

在子品牌的作用下，原品牌的目标人群会有所增加，品牌信息量是在基本量的基础上继续随着延伸扩大的。新增消费者或潜在消费者对品牌的知晓就是对品牌知名度下品牌传播的信息量的提高，对新增人群的度量又需要回到知名度调研的阶段开始，对随着延伸增加，品牌信息量也增加。基本式中的品牌传播信息量公式 $M = S \times Z$ 将修正为：

$$M = (S + \Delta s) \times (Z) \tag{10-22}$$

基本量公式变为：

$$J = (S + \Delta s) \times (Z) + (R_{max} - 1) \times \overline{R} \times Z \times S \tag{10-23}$$

S ~ 目标人群总数。

Δs ~ 目标人群增加值。

Z = 品牌知名度 = 知晓该品牌名称/受访者总数×100%。

当子品牌完全独立为一个新品牌，并在事实上与母品牌没有任何关系的时候，消费者对母品牌的认知会停留在起点，不会因子品牌的发展而变化。

因而，母子品牌对于品牌延伸来说是个分散风险的方法，母子品牌之间的联系不大，也仅仅是在子品牌发展初期借助母品牌对目标人群的知名度影响，当子品牌形成自己的认知度。那么，母品牌就起不到什么作用了。

10.3.3 品牌延伸方式和度量位置、方法汇总

根据品牌延伸方式的不同，品牌延伸被分成了单一延伸、主副延伸和母子延伸三种形式，这三种形式其结构、特点、性质、度量位置和度量方法都不同，表 10 - 1 对这三种延伸进行汇总比较。

表 10 - 1 延伸方式

延伸方式	基本结构	特点	度量位置	主要参数	性质	备注
单一品牌延伸	单一品牌	唯一品牌对所有产品覆盖	基本量的计算	Y_1、Y_2、$ə$、Z_j	值或函数	可以跨行业延伸
主副品牌延伸	主品牌 + 副品牌	副品牌对主品牌进行辅助信息的补充，本身不成为独立品牌	基本量的调整系数	Y_1	系数	不能跨行业延伸，只在行业内延伸使用
	主品牌 + 型号（副品牌）					
母子品牌延伸	母品牌 + 第一子品牌 + 第二子品牌 + ……	子品牌不是对主品牌的补充，可以作为独立品牌	对子品牌的信息量价进行单独计算，尾加至汇总公式中	Y_2、Z_j	系数	可以跨行业延伸

综上所述，品牌在延伸过程中信息量的变化比较复杂，在延伸不同的方式下有不同的作用位置，如式（10 - 24）~式（10 - 28）所示：

$$J = S \times Z + (1 + ə)^{1 + y_1} (R_{\max} - 1) \times \overline{R} \times Z \times S \qquad (10 - 24)$$

$$J = S \times Z + \left[\arctan(y_1 - 1) \right] \times \left[(R_{\max} - 1) \times \overline{R} \times Z \times S \right] \qquad (10 - 25)$$

$$J = S \times Z + Y_2 (R_{\max} - 1) \times \overline{R} \times Z \times S \qquad (10 - 26)$$

$$M = (S + \Delta s) \times (Z) + (R_{\max} - 1) \times \overline{R} \times Z \times S \qquad (10-27)$$

如将其合并，可以归纳成式（10-28）：

$$J = (S + \Delta s) \times (Z) + (1 + ə)^{1+y_1}(R_{\max} - 1) \times \overline{R} \times Z \times S \qquad (10-28)$$

$S \sim$ 目标人群总数。

$\Delta s \sim$ 目标人群增加值。

$Z \sim$ 品牌知名度 = 知晓该品牌名称/受访者总数 $\times 100\%$。

$Y_2 \sim$ 品牌跨行业延伸的系数。

$S \sim$ 目标人群总数。

$Z \sim$ 品牌知名度 = 知晓该品牌名称/受访者总数 $\times 100\%$。

$R_{\max} \sim$ 一个消费者完全知道一个品牌所要传播的信息量的极值。

$r \sim$ 品牌平均认知度。

$y_1 \sim$ 品牌行业内延伸的系数。

$ə \sim$ 延伸中的新产品和原品牌的关系是否与原品牌和原产品之间的关系存在一致性。

式（10-28）中的系数函数 $(1 + ə)^{1+y_1}$、$[\arctan(y_1 - 1)]$、Y_2 依据延伸方式和条件的变化而选择使用。

10.3.4 品牌量在跨行业延伸中的信息折减系数

品牌在进行跨行业延伸时，除本身信息量的大小强弱外，还受制于消费者对同一品牌在不同行业中的产品是否能够接受。因为面对的消费者是不变的，所以消费者对一个品牌的认识是稳定的，品牌信息的基本量不会因延伸发生改变，但品牌延伸至其他行业后，品牌总的信息量是随着产品销售的增加而增加的，这需要在基本量度量之外，继续对延伸产生的价值进行尾加。但同样的一个品牌在不同行业所表现出的信息量是不等的，这个问题被称为品牌量在跨行业延伸中的折算问题。

跨行业延伸中，消费者对该品牌的量有一定的变化，但变化不大。品牌能否顺利地从一个行业延伸至另一个行业主要取决于行业间的差异。本小节将对品牌进行跨行业延伸对品牌信息量的影响进行探讨。

行业关联性是指两个行业之间的相关程度，关联程度越高，两个行业间的品牌越容易相互延伸；两个关联度越低，两者之间越难以延伸。

评价两个行业之间关联程度首先需要对行业排他性进行理解。行业排他性是指一个行业或一个产品市场的特性独立于其他相关行业或市场。与之相关的属性很多。品牌系统所处的经营环境，就是所处行业本身，它的排他性是品牌是否可以在该环境下延伸或是延伸能力强弱的重要影响因素。一个经营环境在消费者长期的生活实践过程中渐渐地也会抽象起来，其印象和概念会演变成符号，例如，一提到钢铁行业，消费者就会联想到污染，一提到游艇就会联想到海洋等。其排他性就是这些抽象的符号之间是否能够共融的问题。因而某品牌所处原行业和延伸目标行业之间的折减问题可以描述为这两个行业的排他性符号之间是否可以相容的程度。一个环境的排他性越强，可以与品牌延伸的相容程度就越低，一个排他性越弱的系统与其他品牌延伸系统的相容性就越强。如两个行业的排他性都很高，此时的延伸就非常困难。

对一个市场环境系统的排他性强弱的评价需要对消费者进行一次大样本抽样调查获知，整理出各个行业之间的联想符号，并在这些符号间找出差异和共融的程度，最终推算出两个行业之间的折减系数，并制表（见附录 1）。

10.4 由品牌美誉度决定品牌信息的质量

10.4.1 美誉度在品牌价值度量中的作用

美誉度是一个百分比指标，可以根据它对品牌的作用转换成一个系数，此系数并不改变品牌的量。在有关美誉度和认知度的比较研究中可以看出，美誉度和认知度的量是一样的，也就是说将美誉度的度量转换为信息量度量方法后，美誉度并没有增加信息量。但美誉度确实又是在认知度基础上的提高，一组具有 R 水平认知度的受众中如果存在一些通过消费者之间传播而获取品牌信息的消费者，虽然他们的信息量是一样的，但他们的质却有所不同。

由此可见，美誉度的真正作用是改变了品牌信息的质量。品牌对这些消费者影响的差异最终直接就可以体现在议价能力的差异上。

美誉度的增加并不改变认知度阶段的信息量，美誉度所改变的是一定的认知度水平下品牌信息的质量，平均认知度所达到的信息量仅是知名与认知在数量上的信息量，而美誉度的获得使得其中一部分信息演变成具有自传播能力的信息，是品牌信息质的改变。虽然在数量上没有提高品牌的信息量，但在品牌传播能力和效果上明显提高，而且这些自传播将继续传播下去。

商品因质不同而价不同，美誉度改变的品牌信息量的质，在度量中改变的也就是品牌的单价。品牌单价的计算是一个行业品牌信息的平均单位价格，这个价格不会因品牌不同而不同，凡是在一个行业里的品牌都遵循这一基本价格，但因美誉度不同，不同的品牌之间的质也不同，所以价也不同，它们各自都有各自不同的价格，品牌间价格的差异取决于品牌美誉度的不同。

10.4.2 品牌信息的质量参数分析

对于品牌价格的调整，美誉度的作用需要建立在一定程度的议价能力之上。品牌的议价能力是品牌对消费者提供的让渡价值的反映，议价能力和品牌美誉度共同组成函数，在一个行业平均价格的基础上决定品牌之间的差异。本小节从议价产生的机理开始，分析议价能力和品牌美誉度共同形成美誉度调整系数的过程。

10.4.2.1 品牌议价能力概述

品牌和其他经营工具一样，都是为了或远或近的销售服务，作用表现都是为企业和组织带来或强或弱的议价能力。议价能力的获得，有的是以降低成本的方式，有的是以增加附加值的方式，有的则是以起到整合系统能力的方式。品牌的议价作用应该是品牌最能区别于其他营销工具的方式，在经营实践当中，品牌对整个经营系统都有影响，对外部环境影响尤其复杂，议价作用是对外部环境影响的综合表现。品牌的议价作用，是能够带来附加值的形成机理，依然遵循真实价格相等的基本原理，如下是对议价作用进行的分析。

品牌议价能力和其他经营工具一样，最直接的作用就是为企业带来丰厚的附加值。首先，因其根源在于质优和商誉，所以其来源正当且没有争议，能够为企业持续发展提供坚实的基础；其次，品牌议价也能够为营销提供细分市场的依据，品牌因此被认为是一个重要的差异化工具。在一些同质化程度较高的行业里，仅依靠产品间的微小差别是很难形成持续差异化的竞争优势的，品牌在议价的作用下，可以将消费者进行一层有效的细分，并能够持续地将这一优势稳定下来。

品牌议价在形成之后相对于其他营销工具表现得非常稳定，可以发挥出持续的能力，主要原因有两个。其一，消费者偏好的稳定性。消费者的消费偏好和习惯一旦形成，会具有长期的稳定性，不会轻易发生改变，这也使得品牌忠诚的产生成为可能。其二，品牌会向着企业文化的方向发展，逐渐和文化融为一体成为企业文化的主要组成部分。品牌是很难从根植的文化中剥离出来的，品牌所具有的议价作用会随着消费者的认知融化在企业文化当中，演绎成为一种消费文化，消费习惯，甚至成为某种传统，被后人所继承。

应该说所有的经营行为都是围着销售目标展开的，包括生产、运输、人力资源等。品牌也不例外，也是为销售服务的，而且促进销售也是品牌最主要的作用。品牌议价的作用主要体现在影响消费者对同类产品的选择上。

消费者面对市场要进行的是有风险的选择决策，当风险无法度量或没有任何信息帮助消费者参考决策时，消费者面对的是不确定性。品牌信息总的来看，其作用最终都是规避风险带来的损失或规避风险的必要成本。

10.4.2.2 议价能力的形成机理分析

议价能力具有持续、稳定的特点，是企业的主要利润来源，可以视为企业的核心竞争力。一个企业无论在差异化市场还是在同质化市场竞争，最终都是为了形成议价能力，而品牌形成议价能力只有在差异化市场中有效，途径只有两个，即通过产品和促销。下面就从这两个角度分别介绍品牌形成议价能力的机理。

有品牌的商品表面看起来似乎比同等质量的商品档次高一些，其所增加的附加值表明品牌具有一定的议价能力，这一议价能力的形成并不复杂，与产品的质量有关。

在市场机制中，所有商品的定价都遵循基本的真实价格相等的原理。我们在市场中看到的商品价格是经过市场供需关系以及性价关系调整后的名义价格，它们之间的差异取决于市场机制中的真实价格相等的要求。

在同一行业、同一市场中的产品，即使是同等档次也有质量的差异，这些差异经过各种途径让消费者认知后，对其期望带来的价值也就出现差异。如假设矿泉水市场中，所有厂商生产的水经过检验有10%为次品，质量合格的水平均为90%。此时的矿泉水均价为1元/瓶，即消费者购买100元的矿泉水，有90瓶是合格的，其真实价格为1.11元/瓶，多付出的这0.11元在经济学中的解释是为买卖双方信息不对称所付出的风险成本，信息在经济学中称为搜寻成本，而某厂商的矿泉水质量高于平均水平，次品仅为1%，消费者购买100元该产品，有99瓶是合格的，其真实价格为1.01元/瓶。这就造成事实上的真实价格是不相等的，该厂商按真实价格相等原理进行调节，定价应与行业的真实均价相等，将价格调整为1.11元，这样高出真实价格的部分0.1元（1.11元 – 1.01元）即由于质量差异产生的价格差异（让渡价值）。

产生这一价格差异的基本条件，除质量差异本身外，还需要另一个更重要的条件，即需要将这一信息传递给消费者。这一过程需要品牌美誉度发挥作用，通过自传播将可靠的信息复制给其他消费者，仅通过广告等主动传播的信息对消费者而言是不可靠的。当消费者逐渐形成起该厂商的产品质量优于平均水平这一概念后，我们可以认为，该厂商有了质量高于平均水平的商誉，而商誉正是品牌的基础。

商誉即西方的财务报表中的goodwill，在企业正常经营时为0，只有在企业发生转让并购时才有意义，即转让价格高于实体资产的部分都被视为商誉，商誉是美誉度的基础。

可以将上述由于质量差异而形成商誉的过程归纳为品牌议价形成机理过程：产品的质量差异能够形成真实价格的差异，这一差异如能使消费者形成认知，则会被逐渐凝固下来。这一过程可以解释"品牌就是质量的承诺"的由来，由差异形成的附加值通过消费者的认知，以让渡价值的形式逐渐形成商誉。但仅有此是不够的，商誉是不稳定的，一旦差异消失，商誉也会很快消失。如果商誉演变成美誉度，继而形成真正意义上的品牌，品牌才能形成稳定的议价能力。换言之，即使产品差异消失，回到了行业平均水平，品牌带来的议价能力也不会马上消失。如果对这一商誉进行了良好的利用，对其进行内涵的赋予并影响了消费者的偏好，这一商誉方能形成品牌，这便是品牌议价的形成机理，也是美誉度的必要性。

这一机理如图 10 - 3 所示。

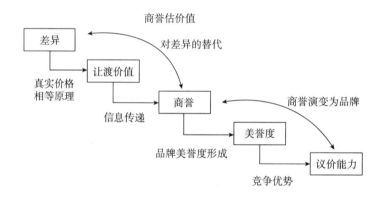

图 10 - 3　品牌议价机理

最初的质量差异遵循真实价格相等原理产生的价差，由商誉附加值对质量价差进行替代，最后将商誉演变为品牌，使得商誉为其带来的附加值演变为品牌的议价能力。

10.4.2.3　议价能力的度量

议价能力的度量取决于企业销售盈利超出行业平均水平的能力。需要知道该品牌所在行业的整体行业平均价格水平，即行业的平均价格，这一平均价格要提出差异化的影响，按照同一性质同一规格求出一个门类产品在一个单位与量下的价格，即性价比的比较，才能够避免质量差异及其他差异带来的影响。

令 β_1 为议价能力，某品牌所在行业中同类产品市场平均价格为 $\overline{P}$，

某品牌的价格为 P，该行业中同类产品的消费者让渡为 $1-\bar{\gamma}$，某品牌的消费者让渡为 $1-\gamma$，按照真实价格相等原理，该品牌产品的名义价格式为：

$$P = \frac{(1-\gamma)}{(1-\bar{\gamma})} \times \bar{P} \tag{10-29}$$

$$\beta_1 = \frac{P-\bar{P}}{\bar{P}} = \frac{\bar{\gamma}-\gamma}{1-\bar{\gamma}} \tag{10-30}$$

消费者让渡是消费者实质获得的真实价值，令：γ 可以是次品率，也可以是多支付的成本比例，总之 $1-\gamma$ 是消费者在支付同等价格的基础上，所获得的真实收益价值。

当次品率为 γ 时，$(1-\gamma)P$ 就是消费者的真实收益价值，也就是让渡价值。或者是 $\gamma=1-$ 感知收益/支付价格。

即：$1-\gamma=$ 感知收益/支付价格 = 性价比

可见，最终的让渡是由产品性价比决定的（感知收益通过对消费者的调研获得）。

10.4.3 品牌信息质量的计算公式

10.4.3.1 美誉度对价格进行调整的系数公式

美誉度是对品牌信息质量进行度量的指标，具体到度量中，它所改变的是对品牌均价的调整系数 μ。该系数是个函数，用来调整品牌间的价格差异，也称品牌议价系数，等于议价能力 β_1 以 N_z 为底的指数，如式（10-33）所示：

$$\mu = N_z^{\beta_1} \tag{10-31}$$

将式（10-31）中的 $(1-\bar{\gamma})$ 替换为 $\bar{\alpha}$ 后，整理得：

$$\beta_1 = \frac{\bar{\gamma}-\gamma}{1-\bar{\gamma}} = \frac{\alpha_1-\bar{\alpha}}{\bar{\alpha}} \tag{10-32}$$

$$\mu = N_z^{\frac{\alpha_1-\bar{\alpha}}{\bar{\alpha}}} \tag{10-33}$$

μ ~品牌单价的调整系数。μ 取值域为 $\left(\dfrac{1}{N_z}, \; +\infty\right)$。

α_1 ~美誉度，$[-1, 1]$。

β_1 ~议价能力，$[-1, \; +\infty)$。

$\bar{\alpha}$ ~行业的平均美誉度，$[0, 1]$。

10.4.3.2　平均美誉度公式

在某行业发生过真实购买行为的消费者（S_z）是可以通过调研确定的，对该行业消费者的较大规模样本调研可以得到消费者中受口碑影响进行消费决策的人数（Q）。两者的比例即为一个行业的平均美誉度 $\bar{\alpha}$。

$$\bar{\alpha} = \frac{Q}{S_z} \tag{10 - 34}$$

$\bar{\alpha}$ ~行业的平均美誉度。

Q ~消费者中受口碑影响进行消费决策的人数的多少。

S_z ~发生过购买行为的消费者总数。

品牌自传播的度量是非常困难的，难以直接通过观察统计出发生在消费者之间的口头传播和赞誉的具体数目。但口头传播和赞誉的效果却是确定的，一个在搜寻信息准备进行消费决策的消费者可以被视为一个信息不足的消费者，至少和卖方相比存在明显的信息不对称，决策劣势很明显。发生在消费者间的自传播即表现为口碑的影响，信息不足的消费者受到口碑影响时相当于获得足够的该品牌信息支持其决策。

S_z 可以通过品牌传播的信息极值的总量以及目标人群总数、认知度极值推算出来，也可以通过直接调研获得。

消费者对品牌信息的复制并传播的量就是美誉度要表达的赞誉程度，美誉度越高的品牌这种自传播发生的量越大，而且信息源越多，信息源发出的信息量越大，复制的信息量则与之等大，该信息源对该品牌的美誉程度就越高。

品牌美誉度和知名度、认知度之间存在明显的相关关系（Joseph，1986），这一观点有很多研究予以支持。按照一般品牌信息在传播过程中的逻辑，可以将知名度、认知度看作是美誉度的基础，三者之间的关系模型通过样本是比较容易建立的，但在建模过程中容易导致多重共线性问题。

10.4.3.3　关于调整系数指数函数中底数的解释

可以看出美誉度对品牌的作用是极其关键的。美誉度是品牌信息的质，解释了品牌信息来源不同，质量也不同的原因。自传播是信息传播当中质量最好的一种，自传播能力的大小又取决于一个传播源（即一个消费者）对周围人群的影响力。

N_Z 值与品牌所在行业的品牌数目（Z）有关。一般来说，数目越多，行业内品牌之间的竞争越激烈，品牌美誉度的影响力越小，N_Z 值越小。以拥有六个主要竞争品牌的行业为例进行的品牌美誉度对市场份额的预测关系的回归方程，其模型拟合优度检验（$R - \text{square} = 0.964$）中，美誉度对市场价格起到作用的系数是 1.62。在度量框架中，使用该值作为调整系数的指数函数的底数。

即：$N_{Z=6} = 1.62$

其余 N_Z 的值查附件 3，品牌价格调整系数 N_Z 值表。

10.4.3.4　美誉度对价格进行调整系数的取值图示

品牌议价能力 β_1 与价格调整系数 μ 的关系如图 10 - 4 所示。

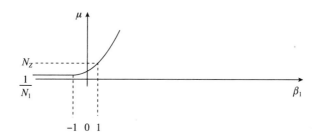

图 10 - 4　品牌议价能力与价格调整系数的关系

在 N_Z 值确定的情况下，依据价格调整系数的基本公式，分析 α_1，$\overline{\alpha}$ 之间的关系变动导致的 β_1 的变动，继而导致 μ 的变动。

$$\mu = N_Z^{\beta_1} = N_Z^{\frac{\alpha_1 - \overline{\alpha}}{\overline{\alpha}}} \qquad\qquad (10 - 35)$$

μ ~ 品牌单价的调整系数，μ 取值域（$\frac{1}{N_z}$，$+\infty$）。

α_1 ~ 美誉度，$[-1, 1]$。

β_1 ~ 议价能力，$[-1, +\infty)$。

$\overline{\alpha}$ ~ 一个行业的平均美誉度，$[0, 1]$。

N_z ~ 调整系数指数函数中底数，在 $Z = 6$ 的情况下，取值 1.62。

（1）当某品牌未发生自传播现象（即美誉度为 0），或 $\alpha_1 < \overline{\alpha}$（行业内的平均美誉度不小于 0），此时议价能力为 -1。调整系数取值 $\frac{1}{N_z}$，可以理解为该品牌的单位价格低于平均水平。

（2）当某品牌发生自传播现象（即美誉度不为 0），但 $\alpha_1 < \overline{\alpha}$（行业内的平均美誉度不小于 0），此时议价能力为（-1，0）。调整系数取值域（$\frac{1}{N_z}$，1），可以理解为该品牌的单位价格小于平均水平。

（3）当某品牌的自传播能力等于行业平均水平时，$\alpha_1 = \overline{\alpha}$，议价能力为 0，此时该品牌的价格等于该行业品牌的平均价格。

（4）当某品牌的议价能力为 1 时，此时该品牌价格调整系数为 N_z，该品牌的单位价格 $= N_z \times \overline{P}$。即该品牌为该产品带来的是最优定价。$\mu$ 取值于 $[1, N_z]$ 时，称该品牌获得品牌溢价。

（5）当某品牌的议价能力大于 1 时，此时该品牌价格调整系数高于 N_z，该品牌获得超高定价的能力。

10.4.3.5 μ 在度量模型中的位置

在品牌度量基本公式中，μ 代表品牌信息质量的值，在量价关系中，对价的部分起作用，不对量的部分起作用。因而在品牌度量模型中是品牌平均单位价格的乘子。

由此可以确定一个品牌的单位价格，如式（10-36）所示：

某品牌的单位价格：

$$P = \mu \times \overline{P} = \left[N_z^{\beta_1} \right] \times \overline{P} = \left[N_z^{\frac{\alpha_1 - \overline{\alpha}}{\overline{\alpha}}} \right] \times \overline{P} \tag{10-36}$$

μ ~ 品牌单价的调整系数，μ 取值域 $\left(\dfrac{1}{N_z}, +\infty \right)$。

α_1 ~ 美誉度，$[-1, 1]$。

β_1 ~ 议价能力，$[-1, +\infty)$。

$\overline{\alpha}$ ~ 一个行业的平均美誉度，$[0, 1]$。

N_z ~ 调整系数指数函数中底数。

$\left[N_z^{\beta_1} \right]$ ~ 品牌平均单位价格的乘子。

$\overline{P}$ ~ 一个特定行业的品牌平均单位价格。

在仅是对品牌量进行的度量中，不会对一个行业的平均价格进行计算，因而，品牌量的度量框架里没有价的部分，但品牌量的度量是对品牌信息的度量，当然包括了信息量的度量和信息质的度量，尽管没有平均单价的问题，但平均单位价格的乘子应该在度量的框架中，因为它是品牌信息的质的反映，也是品牌量度量的重要组成部分。

10.4.4 品牌质量的函数表达

到此的研究已经可以完整地定量表达一个品牌的信息质量，根据前文所述，由知名度决定品牌定量研究的起点，以及知名度和认知度决定的品牌信息基础量，再由联想度决定的品牌延伸对品牌信息量的增量，构成了对品牌信息量的度量。在对品牌质的研究中，由品牌美誉度决定的品牌信息的质量有效地表达了品牌信息的质的差异。这四个部分共同构成了对一个品牌质量的定量度量理论和函数表达。

可以将前四个部分的公式汇总在一起形成一个函数，称之为品牌质量的度量函数。

增加 μ 值后，对品牌信息量的度量公式就可以增加关于质的度量指标。在原式和 μ 值位置确定的基础上，品牌信息度量公式修正为式 $(10-37)$：

$$J = \left[(S + \Delta s) \times (Z) + (1 + \ni)^{1+y_1} (R_{\max} - 1) \times \overline{R} \times Z \times S \right] \times N_z^{\frac{\alpha_1 - \overline{\alpha}}{\overline{\alpha}}}$$

$$(10-37)$$

S ~ 目标人群总数。

$\Delta s \sim$ 目标人群增加值。

$Z \sim$ 品牌知名度 = 知晓该品牌名称/受访者总数 × 100%。

$R_{\max} \sim$ 消费者完全知道一个品牌所要传播的信息量的极值。

$r \sim$ 品牌平均认知度。

$y_1 \sim$ 品牌行业内延伸的系数。

ɜ ~ 延伸中的新产品和原品牌的关系是否与原品牌和原产品之间的关系一致性。

$\alpha_1 \sim$ 美誉度，$[-1, 1]$。

$\overline{\alpha} \sim$ 一个行业的平均美誉度，$[0, 1]$。

$N_z \sim$ 调整系数指数函数中底数，在 $Z = 6$ 的情况下，取值 1.62。

如下补充条件，对其进行整理。

10.4.4.1 未进行跨行业延伸的品牌质量函数

对于未跨行业进行延伸的品牌，它的品牌质量函数为式（10 - 38）：

$$Q_E = \left[(S + \Delta s) \times (Z) + (1 + ɜ)^{1 + y_1} (R_{\max} - 1) \times \overline{R} \times Z \times S \right] \times \left[N_z^{\frac{\alpha_1 - \overline{\alpha}}{\overline{\alpha}}} \right]$$

$$(10 - 38)$$

$S \sim$ 目标人群总数。

$\Delta s \sim$ 目标人群增加量。

$Z \sim$ 品牌知名度 = 知晓该品牌名称/受访者总数 × 100%。

$R_{\max} \sim$ 消费者完全知道一个品牌所要传播的信息量的极值。

$r \sim$ 品牌平均认知度。

ɜ ~ 延伸中的新产品和原品牌的关系是否与原品牌和原产品之间的关系一致性。

$\alpha_1 \sim$ 品牌 1 的美誉度，$[-1, 1]$。

$\overline{\alpha} \sim$ 行业的平均美誉度，$[0, 1]$。

$N_z \sim$ 调整系数指数函数中底数。

10.4.4.2 进行跨行业延伸的品牌质量函数

对于跨行业进行延伸的品牌，它的品牌质量函数需要增加跨行业延伸增加的部分，具体如式（10 - 39）所示：

$$Q_E = \left[(S + \Delta s) \times z + (1 + \jmath)^{1+\gamma_1} (R_{\max} - 1) \times r \times m \times s \right] \times \left[N_z^{\frac{\alpha_1 - \overline{\alpha}}{\overline{\alpha}}} \right] + \sum_{i=1}^{n}$$

$$\left[s \times z + \left[\arctan(y_i - 1) \right] \right] \times \left[(R_{\max} - 1) \times r \times m \times s \right] \times \left[N_z^{\frac{\alpha_1 - \overline{\alpha}}{\overline{\alpha}}} \right]$$

$$(10-39)$$

由跨行业所增加的信息部分，通过尾加增至唯一品牌信息质量公式之后，因所跨行业的个数、折减情况确定。

品牌质量函数与品牌价值有关，但不是唯一起作用的部分，还有每个行业不同的品牌平均单位价格以及每个品牌都有不同的信息时效性，三者共同决定了一个品牌的价值。至于品牌的价格还需要根据市场竞争状况决定的供需关系才能最终确定下来。

10.5 品牌忠诚度及品牌时效性的度量

品牌本质是信息，和其他类型的信息一样都具备一切信息的属性，信息的基本属性只和时间有关系，随着时间序列衰减是它的根本属性，品牌作为只与时间有关系的信息也不会背离这一基本规律，因而对于品牌信息而言，存在一个自然衰减率，按照这一规律衰减直至到零。这是品牌作为信息本质的表现，具体表现在品牌信息量的两个基本属性，其一，品牌时效性，一个品牌具有明显的时效性。其二，动态性，品牌信息量是不稳定的，不仅随着品牌间博弈而变化，而且自然的也在变化。

如果仅仅是一条品牌信息到达消费者后就停止所有的信息活动，这条信息即使到达了消费者且有影响，也会随着时间自然衰减，这使得即使是知名度很高的品牌也会持续地将信息传递到消费者，目的就是提示消费者，阻滞品牌信息的自然衰减，让它长期保持一个相对稳定的状态。

实务中，有些品牌形成了较为稳定的品牌忠诚，使得这一自然衰减的速度明显减缓，甚至不再衰减，这就是这一段要研究的有关品牌忠诚度对品牌信息自然衰减起到的阻滞作用的度量。

10.5.1 品牌时效性与品牌忠诚度的关系

Palto Ranjan Datta（2003）在品牌忠诚度的多维作用研究中发现了品牌忠诚与品牌在消费者心理存在的时间长短有关系。在当时并没有引起学界的重视，其实这是个非常重要的发现。"品牌在消费者心理存在的时间长短"其实就是品牌时效性问题，他揭示了品牌忠诚的最本质问题，也为科学测算品牌忠诚度提供了依据。直至2008年之后，品牌作为信息存在时效性的问题才开始引起学者们的注意。谭勇（2008）运用艾宾浩斯的曲线对品牌传播长期有效性进行了初步研究，并对相关的概念进行了规范。吕海平（2009）所著的《品牌信息论》将品牌发生发展和传播的过程归结为品牌信息的传播过程，从信息的角度重新审视了品牌作为经营现象的过程；周云（2014）按照 Aaker（1996）对品牌资产进行度量的逻辑框架，使用信息度量的基本公式将品牌包含的信息量进行了完整的度量，其过程是按照品牌从知名度、认知度、延伸度、美誉度、忠诚度的顺序逐一进行信息量的转换计算，品牌在消费者心理留存时间才真正地与品牌忠诚度建立联系，并提出品牌忠诚度的作用是维护品牌时效性。

品牌本质是信息，可以推知品牌和其他类型的信息一样都具备一切信息的属性。信息的基本属性就是"它只和时间有关系，随着时间序列衰减"，这是它的基本属性，品牌作为信息当然也不会背离"只与时间有关系"这一基本规律。因而，对于品牌而言，存在一个确定的衰减率所决定的自然衰减规律，品牌是随着时间自然衰减的。如果仅仅向消费者发出一则广告（品牌信息）就停止其他的所有品牌（信息）活动，这条广告信息即使完全到达了消费者，也会立刻开始自然衰减，其衰减的趋势符合艾宾浩斯记忆与遗忘规律，就是一条趋于一个较低固定值的曲线。这一规律使得即使是已经获得了很高知名度的品牌也会持续地通过广告等信息活动将品牌信息重复地传递给消费者，目的就是强化消费者对品牌信息的记忆，阻滞或减缓品牌信息的自然衰减，让它长期保持在一个相对稳定的状态。

在品牌自然衰减和品牌忠诚度共同作用下，品牌具有了与时间序列的相关性，意指品牌具有了与时间相关的动态性质。一个品牌在不同的时间节点上，它的影响力、价值等都是不同的，这就是品牌时效性。由上可知，品牌时效性是品牌自然衰减率和品牌忠诚度两个指标所决定的。为此，本书对品牌自然衰减与品牌忠诚度两个方向的影响进行研究。

品牌忠诚度是一个用于测量品牌时效性的定量指标，其原意是测度品牌对消费者的品牌偏好或消费习惯的影响程度，是一个关系到品牌生存与发展的重要指标。具有一定的品牌忠诚度的品牌会具有抵抗信息自然衰减的效力，同时也就具有了一定程度抵抗风险的能力，使品牌保持时效性就是品牌具有了长久的生命力。简言之，忠诚度的作用就体现在一些消费者的品牌信息能够在忠诚度的作用下不衰减或衰减缓慢，从而使得品牌信息持续有效。

10.5.2 忠诚度在品牌价值度量框架中的位置

品牌忠诚度在品牌价值度量框架中的位置既不是改变品牌信息的量，也不是改变品牌信息的单价，而是品牌信息的时效性。品牌信息自然或不自然的衰减是随着时间推移而发生的，品牌忠诚度就是对这一信息衰减起到阻滞或减缓的作用，在品牌价值度量框架里设有一个与时间序列有关的时效性函数 s，$(0，1)$，$s=0$ 时意味着信息全部衰减，$s=1$ 时意味着不发生衰减，某一时刻的品牌信息量是个横截面数据，品牌信息量的动态性就体现在与时间序列有关的时效性上。它是个与时间、衰减系数、忠诚度有关的函数：

$$T_L = \left[\frac{1}{N(E) - L} \right]^t \qquad\qquad (10-40)$$

$T_L \sim$ 品牌信息的时效性。

$t \sim$ 时间或期数，$(1，2，\cdots，t)$。

$N(E) \sim$ 与品牌信息的衰减系数。

$L \sim$ 消费者的忠诚度。

忠诚度越高，N 越小，当忠诚度为 100% 时，$N=1$，$s=1$，即没有衰减。

T_L 作为一个函数可以看成是一个与 $N(E)$、L、t 有关的函数，也可以看成是 $N(E)$、a、b、t 的函数。

10.5.3 品牌信息时效性的主要参数：自然衰减系数与记忆模型

品牌信息的时效性其实就是品牌作为信息有自然衰减的规律，通过实证确定了的品牌信息衰减函数与品牌忠诚度之间的相互作用共同决定了品牌信息具有时效性。

信息的有效是建立在记忆的基础上的，品牌信息对消费者的效用也是建立在消费者的记忆基础上的。如果没有消费者对品牌的记忆，也就没有任何品牌信息。本段落就是从记忆的自然衰减性开始研究。

巴甫洛夫指出："记忆过程按其生理本质来说，乃是以保留大脑半球皮质中的刺激和条件联系为基础的。"如果学习后，在大脑所留下的痕迹量低于某一阈值，就出现遗忘现象。根据近年来心理学资料，记忆可分为瞬时记忆、短时记忆和长时记忆。瞬时记忆的存储时间小于 1.2 秒，短时记忆的存储时间可从几秒至几小时（见表 10－2）。

表 10－2 艾宾浩斯的实验数据

音节组序号	时间间隔 t（分钟）	保持数量 b（％）
1	20	58.2
2	64	44.2
3	526	35.3
4	1440	33.7
5	2×1440	27.8
6	6×1440	25.4
7	31×1440	21.1

消费者获取信息并保存它是需要以物质为基础的，无论是生物电位的变化所致，还是某种酶的分解与合成所致，都需要一个物质基础以某种方式完成。其结果就是在消费者的大脑中留下了信息的痕迹，即使有刻意的记忆，一条信息必然随着时间的流逝逐渐消失，这就是记忆的自然衰减。心理学家们对有关一次记忆在大脑中消失的速度和规律有过完整深入的实证，艾宾浩斯的研究最为著名，他对实验对象使用随机抽取的音节组作为记忆信息，设计时间间隔 t 变量，和留存信息 b 变量，留

存信息的获得通过实验对象再次学习时所用的时间与初次学习时所用时间的比例来表示。

对上述数据进行指数回归分析得：

$$b = 37.96 \times e^{(-1.024 \times 10^{-3})t} \tag{10-41}$$

相关系数 $R = -0.7052$

设信息留存量为 Z，满足公式：

$$\frac{dz}{dt} = -\beta Z \tag{10-42}$$

$\beta \sim$ 自然衰减系数。

此系数表明在下一次接收到信息前，其信息痕迹量按负指数规律自然衰减。通过两个信息在不同初始值进行衰减的存留信息差可以得到更为具体的算法（见图 10-5）。

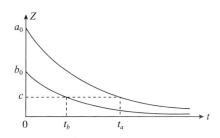

图 10-5　初始值为 a_0、b_0 的衰减时差曲线

例：某消费者同时接收到两条品牌信息，信息量分别为 a_0 和 b_0，它们衰减至相同的信息量 c 的用时是不同的。由上述公式解：

$$a_0 e^{-\beta t_a} = b_0 e^{-\beta t_b} = c \tag{10-43}$$

解得：

$$t_a - t_b = \frac{1}{\beta} \text{Ln} \frac{a_0}{b_0} \tag{10-44}$$

如果其中 a 的信息比 b 的信息时效性更强，则衰减至 c 的时间比 b 要晚得多，时间间隔按照艾宾浩斯实验的结果计算，可以推知 $\frac{1}{\beta} = 1.093094$，若使得 $a_0 = eb_0$，则 $t_a - t_b = 72$ 天。如果 b 代表了一个行业品牌信息的平均初始信息量，对于某个特定的品牌 a 而言，这个算法所求出来的就是该品牌在该行业中的时效性。

10.5.4 品牌的信息衰减与多锚记忆曲线

对于品牌的信息衰减，一样服从自然衰减规律，符合消费者记忆模型，但由于每一个品牌的信息质量不同，消费者偏好不同，表现出来的结果是每个品牌信息时效性的不同。

品牌信息衰减的系数是对品牌信息保持能力的体现，或是记忆程度的体现，因而与品牌的质量有关，所以在对此系数进行推算时需要考虑与品牌质量有关的因素。

品牌信息的自然衰减系数除了记忆模型的自然衰减系数 β 之外，与品牌信息本身的质量有关，就是与品牌美誉度有关。一般说来，美誉度越高，意味着品牌信息越容易被记忆。此外与品牌信息的间隔时间有关，间隔时间越短越容易反复留存，品牌信息一般不会在一则信息之后间隔很久，多次信息反复叠加符合多锚记忆的衰减规律。反复程度以及反复内容是否一致等都会对留存信息有影响。

多锚记忆意味着在一段时间反复接收信息后的信息量留存，如果只是接收一次信息，之后的衰减规律是很容易掌握的，但反复接收信息的留存量的度量要复杂得多。

于是，品牌信息不再是一则信息沿着一条固定的曲线衰减的过程。而是一个受到各种因素干扰的多锚记忆衰减过程。

为证明品牌多锚信息衰减的存在和衰减率，设计了一次学生学习的实验，实验组学生 100 人，设计 30 个无意义的词组（汉语），以每天 24 小时为时间间隔，实验分为三个实验组进行无重复信息衰减实验和有重复信息的多锚信息衰减实验。

10.5.4.1 无重复信息衰减实验

第一组 50 名学生在第一天早 8∶30 集中，用时 3 分钟努力记忆这 30 个无意义的词组，然后开始默写所记忆的词组，然后每天早 8∶33 集中默写，反复进行，对学生能够正确记忆的词组数量进行统计，求出平均词组数目（见表 10 - 3、图 10 - 6）。

表10-3 无重复信息衰减实验表

第 i 天	1	2	3	4	5	6	7	8	9	…	29	30
实验组学生人数	50	50	50	48	47	50	47	49	45	…	…	…
默写正确的平均词组数	13.3	10.3	7.6	6.2	5.9	5.5	5.1	4.9	4.6	…	…	…

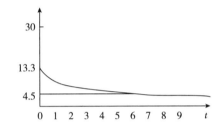

图10-6 无重复信息衰减实验遗忘曲线

这个实验是针对学生的记忆衰减规律进行的，从心理学的角度看是对艾宾浩斯曲线的验证。人的记忆和遗忘的基本规律符合艾宾浩斯的实验结果，对这一实验的结果进行解释要在艾宾浩斯的基础上增加两层含义。

其一，艾宾浩斯实验使用的是无意义的音节、是纯粹的符号。汉字的记忆比较困难，没有联想和逻辑的汉字记忆更是困难，所以一开始的衰减很迅速。这一点异于艾宾浩斯曲线。实验并没有像预期的那样有一个稳定的衰减度，缓慢有规律地逐渐衰减至零，而是从一个相对高的记忆留存水平在第二期就迅速衰减至一个较低的水平，此后在这个较低的水平上稳定下来。

在30个无意义的词组中，能够被记住最多的3个词是单个的字，像"遇偶"这样的词的记忆量也最多，几乎所有的样本都记住了它，因为这个词与偶遇接近，有一定的含义。3个字以上的词组在第二期之后就很少有人能够记住。

可见，词组的长度对记忆留存是有影响的，而且是越短越易记。此外，词组是否有意义的影响更大，只要词组中的词有一定的含义，这个词就很容易被记住。

其二，本实验使用无意义的汉字词组，如"专且，散乒於，异掷防"等，因为汉字是象形字，字形有意，这使得设计的汉字词组尽管刻意地使其无意义，但还是在词组间留下了容易记忆的地方，使得记忆衰减曲线的衰减度不像艾宾浩斯曲线那么高。反复试验的结果使得部分信息得到了强化，记忆的衰减程度不会完全到 0，最终会留下一定的记忆量而不是 0。这一点也解释了艾宾浩斯曲线理论上为 0，但实际不为 0 的原因。反复试验其实也是一种信息强化的过程，只是所强化的信息在没有外界信息支持的情况下只能是基于上期信息的留存。反复强化后的信息会稳定在几个易记的信息上。

这组实验对于品牌信息的认识有很好的解释意义。

其一，品名是品牌最基本的信息，这一信息一定要简短易记，以提高消费者在初次接触该品名时具有较高的信息留存，第一次的信息留存是之后衰减的最高值，这个值如果太低则表明品牌信息的有效到达率太低，这可能和品牌信息的质量有关，这样将很难形成自传播。

其二，品名是否有意义很重要，在品牌命名时的基本原则是内涵丰富与易于联想，此实验结果正是对这一原则最好的证明，无意中使用的一个略有意义的词的记忆留存量远远高于一般无意义的词组。因而在品牌的品名设计中此原则非常重要，一个赋予含义的品名对品牌信息的留存很重要，也标志着品牌信息质量的初始值的大小。

10.5.4.2　有重复信息的多锚信息衰减实验

第一天上午 8：30 集中实验组学生，用时 3 分钟努力记忆这 30 个无意义的符号，8：33 学生默写所有能记忆的词组，然后每天早 8：30 再次集中，集中后即可开始默写昨天记忆的无意义词组，记录下能够正确默写的词组数量后，开始再次记忆这 30 个词组，3 分钟后开始再次默写，并记录能够正确记忆的词组数量，反复进行，对学生能够正确记忆的词组数量进行统计，求出平均词组数目（见表 10 - 4）。

观察实验结果，再次记忆和没有再次记忆的结果都是增加的，再次记忆使得学生对词组掌握的程度越来越明显，实验学生的记忆留存量基本稳定在初始值之上，而且每次实验后都略有增加，但一直没能达到全部

表 10 - 4   有重复信息的多锚信息衰减实验数据

第 i 天	1	2	3	4	5	6	7	8	9	…	29	30
实验组学生人数	50	39	41	44	43	50	50	45	44	…	…	…
再次记忆前能够默写正确的平均词组数		7.1	8.5	9.9	11	12.9	16.1	17.4	17.1	…	…	…
再次记忆后能够默写正确的平均词组数	9.5	9.6	11.2	15.4	16.1	19.6	23.3	23.9	24.1	…	…	…

信息的记忆。图 10 - 7 是按照图 10 - 6 将每次实验之前的再记忆视为一次有效的信息接触。重复的信息使得学生对词组的掌握越来越多,记忆留存量也有所增加,直至稳定在一个较高的水平上。

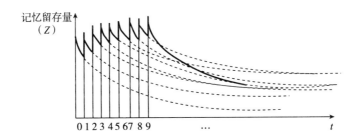

图 10 - 7   品牌多锚记忆衰减与多重信息相互作用

这个实验相当于消费者在收到重复的广告信息时信息量的变化,消费者因信息重复使得对品牌信息的记忆进行了有效的强化,消费者的信息量记忆与遗忘曲线变成一条折线,并在自然衰减和重复信息的强化两个作用下上下波动。

整理总体曲线的变化,去掉未发生的虚线部分,就形成了品牌多锚信息量的变化折线图,上下波动的范围应该集中在初始值 c 到全部信息之间,可以绘制如图 10 - 8 所示。

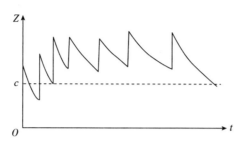

图 10 – 8　品牌多镒信息折线图

　　品牌多镒信息是单个消费者在反复接触品牌信息时的有效信息存量，它的基本属性有两层。第一层是指它依然符合一般信息的衰减规律，第二层是指在反复信息作用下，消费者的信息存量会增加，两者共同作用使得它呈现为一种波动的折线。

　　10.5.4.3　有重复信息的共同学习多镒信息衰减实验

　　第三组学生的实验和第二组一样，只是增加一个条件，学生之间可以交流，第一天早上 8：30 集中实验组学生，用时 3 分钟努力记忆这 30 个无意义的符号，8：33 学生默写所有能记忆的词组，从第二天开始，每天安排两次默写，第一次在学生集中后开始，可以用 10 分钟时间进行充分的交流，互相参考学习，然后再默写；结束后让学生再用 3 分钟看词组，之后再开始默写，学生们可以继续交流，如此反复进行。对学生能够正确记忆的词组数量进行统计，求出平均词组数目（见表 10 – 5）。

表 10 – 5　有重复信息的共同学习多镒信息衰减实验数据

第 i 天	1	2	3	4	5	6	7	8	9	…	29	30
实验组学生人数	50	44	40	36	33	41	41	43	44	…	…	…
再次记忆前能够默写正确的平均词组数		11.1	13.6	15.5	13.1	12.9	16.3	19.9	25.5	…	…	…
再次记忆后能够默写正确的平均词组数	21.3	22.3	25.2	25.1	16.1	25.5	26.3	26.9	26.6	…	…	…

观察实验结果，实验学生的记忆留存量明显地高于前两次实验，若第三次实验是发生在第二组学生实验过程中，逐步增加可以交流学生的人数，从第一天允许 3 个学生开始寻找其他学生交流，第二天增加至 6 人，直至最后全体学生都允许和他人进行交流，这样使得两次实验的数据可以叠加在一起。

　　这个做法相当于将实验时间趋于无限长，即 $t \to \infty$，同时使得折线波动的间隔时间无限小，即 $dt = 0$，也就是将多锚信息折线之间的距离无限小，形成一条微分方程曲线。多次实验并整理数据，能够将多锚折线变成一条光滑的曲线（见图 10−9）。

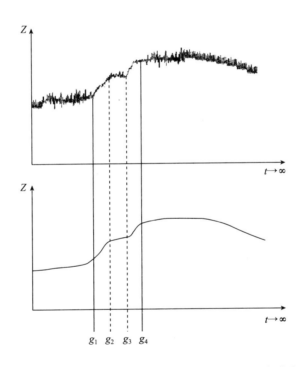

图 10−9　在 $(t \to \infty, dt = 0)$ 条件下品牌多锚信息曲线

　　这条曲线中有个明显的提高过程值得注意，这一提高的发生是随着允许进行交流的学生数目的增加而增加的。允许学生在一起交流是模拟消费者自传播现象，自传播是衡量美誉度中的一个指标，但对于品牌信息的衰减很有意义。往往是美誉度越高，衰减越缓慢，而自传播的发生对于品牌信息而言就是一个质变的过程,这一点在美誉度部分详细阐述过,此处的多镒信息曲线再次证明了此处发生品牌信息质变是存在的。而且两个重要的拐点 g_1 和 g_3 可以通过自传播信息源的数目确定下来。

10.5.5　品牌信息时效性公式的推导

这样,关于品牌信息的时效性问题就可以通过品牌多镒记忆衰减规律予以论证和推导了。

在确定忠诚度在度量框架中的位置时使用了公式:

$$T_L = \left[\frac{1}{N(E) - L} \right]^t \tag{10-45}$$

其中, T_L 是品牌信息的时效性, t 是时间或期数, L 是消费者的忠诚度, $N(E)$ 是与品牌信息的衰减系数。底数是个包括 L 的函数,为了清楚地表达 L 的作用和位置,在这个函数中将 L 单独表示。其实, T_L 作为一个函数可以看成是一个与 $N(E)$ 、 L 、 t 有关的函数,也可以看成是 $N(E)$ 、 a 、 b 、 t 的函数。在此处的推导中,是将 $N(E)$ 问题进行了简化处理,该公式说明 L 与 T_L 的关系,在本部分关于品牌信息时效性的推导中主要是讨论有关 $N(E)$ 的形式和计算公式。

10.5.5.1　$N(E) - L$ 的含义和性质

$N(E)$ 是一个决定品牌信息衰减速度的函数, L 是阻滞其衰减的作用。二者共同构成一个函数,决定了品牌信息的多镒信息曲线规律。

令 $S_L = N(E) - L$, S_L 的倒数为品牌信息的时效性 T_L ,意指这一函数符合艾宾浩斯衰减规律,随着时间的延伸, T_L 越来越小。

$S_L = N(E) - L$ 是品牌时效性的基本函数,与品牌美誉度、品牌忠诚度、品牌多镒信息的重复率三个因素有关。美誉度代表着品牌信息的质量和强度,决定了品牌多镒信息曲线的衰减度的系数;品牌多镒信息重复率(t_i)是衰减的反作用,决定了品牌信息的恢复程度的系数。

10.5.5.2　品牌信息衰减系数

品牌是个多镒信息,决定这一函数主要由衰减函数、忠诚度组成,衰减函数又由两个指标表达这个信息函数,一是品牌的基础质量,二是维系这个质量的重复率。

忠诚度是阻滞衰减函数的值,三者关系式应该是基于美誉度与忠诚度的差中按照品牌多镒信息的基本图形，建立品牌多镒信息模型。

衰减函数与品牌基础质量和重复率有关。两者分别用美誉度（α_1）公式和品牌多镒信息重复率（D_E）来表示。

（1）美誉度公式。

$$\alpha_1 = \frac{x}{s_x} + \eta \frac{y}{s_y} \tag{10-46}$$

α_1 ~ 美誉度，［-1，1］。

x ~ 发生真实购买行为的消费者样本中，购买原因与厂商无关的消费者数目。

s_x ~ 发生真实购买行为的消费者样本的消费者数目。

y ~ 拒绝该品牌的原因是与该品牌直接有关选项的消费者人数。

s_y ~ 购买同业竞争者品牌商品的消费者样本的消费者数目。

η ~ 变频系数。

（2）品牌多镒信息重复率（D_E）。

品牌多镒信息重复率（D_E）是品牌信息发出的平均间隔时间（t_i）的倒数，在品牌度量中使用比率的概念，即将该值与平均值进行比值处理，得到该品牌与该行业品牌的平均重复率的比率，表达式为：

$$D_E = \frac{D_i}{\overline{D}} = \frac{\overline{t}}{t_i}$$

$$\left(D_i = \frac{1}{t_i} \right) \tag{10-47}$$

D_E ~ 品牌的平均重复率的比率。

D_i ~ 第 i 个品牌的信息重复率。

$\overline{D}$ ~ 某行业的品牌多镒信息平均重复率。

t_i ~ 第 i 个品牌信息发出的间隔时间。

$\overline{t}$ ~ 某行业的品牌多镒信息平均间隔时间。

（3）品牌多镒信息的衰减函数 $N(E)$。

$$N(E) = N(\alpha_1, D_E) \tag{10-48}$$

α_1 ~ 美誉度，［-1，1］。

D_E ~ 品牌的平均重复率的比率。

N 函数需要将折线所有的点进行拟合而成。

10.5.5.3 品牌多锚信息的时效性函数

品牌多锚信息的时效性函数 $T_L = \left[\dfrac{1}{N\,(E)\,-L} \right]^t$，演变为一个与时间有关的函数，表达为 $T_L = T\,[\,N\,(E)\,-L\,]$。

其中，用到了美誉度公式、忠诚度公式、多锚信息重复度公式和时间四个参系数，其中忠诚度函数如下：

$$L = F\left(a, \frac{1}{b}\right)$$

代入 T_L 公式整理后得到：

$$T_L = T\left[\, N\left(\frac{x}{s_x} + \eta\, \frac{y}{s_y},\ \frac{\overline{t}}{t_i}\right) - F\left(a,\ \frac{1}{b}\right)\right] \tag{10-49}$$

a ~ 顾客重复购买的发生度。

b ~ 购物时间的长短度。

F ~ 忠诚度函数。

T ~ 时效性函数。

t_i ~ 第 i 个品牌信息发出的间隔时间。

$\overline{t}$ ~ 某行业的品牌多锚信息平均间隔时间。

x ~ 发生真实购买行为的消费者样本中，购买原因与厂商无关的消费者数目。

s_x ~ 发生真实购买行为的消费者样本的消费者数目。

y ~ 拒绝该品牌的原因是与该品牌直接有关的选项的消费者人数。

s_y ~ 购买同业竞争者品牌商品的消费者样本的消费者数目。

η ~ 变频系数。

10.5.6　品牌信息多锚记忆衰减规律的意义

通过简单的艾宾浩斯曲线只能探知一条品牌信息按照时间序列衰减的规律，但没有一个品牌只做一次广告，品牌信息的增加和衰减是多重因素共同作用的结果，又是高度重复发生的信息活动。通过艾宾浩斯实验可以从时间间隔的长度找出品牌量的差异或变化。反之亦然，通过品牌量的变化或差异也可以推算出时间间隔。

依据品牌信息多锚记忆衰减的规律进行度量和测算，基本可以推算出最长间隔，从而根据信息重复的成本推算出品牌广告的最优密度等一系列在实践中难以量化的问题，而使得经营决策更为科学精确。

因此，对品牌信息多锚记忆衰减规律的掌握，理论上是对品牌时效性研究的突破，在实践中对品牌操作实务有着深远的意义和使用价值。

10.5.7 增加时效性对品牌信息量度量公式的完整表达

增加时效性后，下面第一个公式是表示消费者忠诚度所在位置的函数式，它清楚地表示了消费者忠诚程度对品牌信息的衰减起到的阻滞作用。第二个公式是基于品牌多锚信息衰减模型的品牌信息量的度量公式。

$$Q_E = \left[\frac{1}{N(E)-L}\right]^t \times \left[(S+\Delta s)\times z + (1+\mathfrak{d})^{1+y_1}(R_{max}-1)\times \overline{R}\times Z\times S\right]$$

$$\times \left[N_Z^{\frac{\alpha_1-\overline{\alpha}}{\overline{\alpha}}}\right] \qquad (10-50)$$

$$Q_E = T\left[N\left(\frac{x}{s_x}+\eta\frac{y}{s_y}, \frac{\overline{t}}{t_i}\right) - F\left(a, \frac{1}{b}\right)\right]\times \left[(S+\Delta s)\times z + (1+\mathfrak{d})^{1+y_1}\right.$$

$$\left.(R_{max}-1)\times \overline{R}\times Z\times S\right]\times \left[N_Z^{\frac{\alpha_1-\overline{\alpha}}{\overline{\alpha}}}\right] \qquad (10-51)$$

a ~ 顾客重复购买的发生度。

b ~ 购物时间的长短度。

F ~ 忠诚度函数。

T ~ 时效性函数。

t_i ~ 第 i 个品牌信息发出的间隔时间。

$\overline{t}$ ~ 某行业的品牌多锚信息平均间隔时间。

x ~ 发生真实购买行为的消费者样本中，购买原因与厂商无关的消费者数目。

s_x ~ 发生真实购买行为的消费者样本的消费者数目。

y ~ 拒绝该品牌的原因是与该品牌直接有关选项的消费者人数。

s_y ~ 购买同业竞争者品牌商品的消费者样本的消费者数目。

η ~ 变频系数。

S ~ 目标人群总数。

Δs ~ 目标人群增加量。

Z ~ 品牌知名度 = 知晓该品牌名称/受访者总数 × 100%。

R_{max} ~ 一个消费者完全知道一个品牌所要传播的信息量的极值。

r ~ 品牌平均认知度。

$э$ ~ 延伸中的新产品和原品牌的关系是否与原品牌和原产品之间的关系一致性。

α_1 ~ 品牌 1 的美誉度，[-1，1]。

β_1 ~ 品牌 1 的议价能力，[-1，+∞)。

$\bar{\alpha}$ ~ 一个行业的平均美誉度，[0，1]。

N_z ~ 调整系数指数函数中底数，在 Z = 6 的情况下，取值 1.62。

$[N_z^{\beta_1}]$ ~ 品牌平均单位价格的乘子。

至此，通过品牌信息对消费者与潜在消费者的作用及量化处理的研究，完成了有关品牌基于市场角度的信息量度量模型的建立，这部分是品牌作用的核心层，发挥的是品牌的基础作用，是品牌作为经营工具一切表现的本源。

第4部分 品牌定量分析理论

品牌的定量分析是基于品牌能够计算出确切的信息量，其包含的决策信息是非常丰富的，需要设计一系列指标将其挖掘出来，并进行深刻的解读，此后才对决策具有参考意义。同时，量的计算也就有了实际的应用价值。

本部分将对品牌信息量进行全面的分析，包含2章内容，分别从规模、质量、均值、稳定性4个角度设计了品牌信息量规模、品牌信息量质量比指标组、品牌信息量均值指标组、品牌稳定性指标组4个分析维度，下面将逐次进行详细阐述。

11. 品牌信息量规模类型和阈值

由前述方法得到的品牌信息量是品牌定量分析的最基础的决策参考，一个品牌的信息量规模越大意味着消费者对该品牌的认知和认可程度越高，品牌的信息量是用来判定品牌规模大小的指标。

同时，品牌信息量的规模越大也可以说明该品牌的资产价值越高。

11.1　品牌定量分析的对象

品牌定量分析的对象是品牌信息量。前一章对品牌信息量的计算是对品牌开展定量分析的基础，品牌定量分析不是对以货币价值为基础的品牌资产价值评估结果的分析，而是对以其本质确定的单位进行计算结果的分析，品牌的定量分析就是对其具有的信息量进行的深度分析。

11.1.1　信息量计算的简化公式

品牌信息量是通过对消费者和潜在消费者及企业内部员工进行大面积调研获得完整的品牌经营指标后，再依据品牌信息量计算模型计算而得，是品牌信息度量的综合数据之一。

实务中，在对品牌信息量计算精度不高的要求下，为简化计算以便于操作，不考虑品牌延伸与时效性问题的前提下，品牌信息量计算理论模型简化为单一品牌在特定行业的某时刻信息量计算简化公式，如式（11 - 1）所示：

$$Q_E = \left[S \times Z + (R_{max} - 1) \times \overline{R} \times Z \times S \right] \times N_z^{\frac{\alpha - \overline{\alpha}}{\overline{\alpha}}} \qquad (11 - 1)$$

S ~ 消费者人群总数。

Z ~ 品牌知名度。

R_{max} ~ 消费者完全知道一个品牌所要传播的信息量的极值。

$\overline{R}$ ~ 品牌平均认知度。

α ~ 品牌美誉度，$[-1, 1]$。

$\overline{\alpha}$ ~ 行业的平均美誉度，$[0, 1]$。

N_z ~ 调整系数（指数函数中的底数）。

式（11 - 1）中只有知名度、认知度和美誉度三个变量，有消费者人群总数、信息量极值、行业平均美誉度和调整系数四个参数需要提前确定。这四个参数都与该品牌所在的行业有关，从这点上也反映出一个品牌的价值和影响力与它所处的行业有极大的关系。

11.1.2 试算

以国内女装行业的某品牌为例，首先确定计算范围，即确定消费者人群总数。再逐一确定调整系数指数函数中底数 N_z，品牌所处行业的平均美誉度 $\overline{\alpha}$，和消费者完全知道一个品牌所要传播的信息量的极值 R_{max}，需要根据其所处的行业中，所有品牌的竞争状况予以确定。如下以某女装品牌为例，介绍经简化后的品牌信息量计算公式的用法。

（1）女装行业的参数取值说明。

该品牌属于国内女装行业的品牌，计算该品牌的信息量所用参数只适合国内女装品牌行业的参数。明细如下：

1）计算范围为全国范围的消费者，即消费者人群总数为 13.23 亿人（2014 年）。

2）品牌的价格调整系数按照品牌数目取值，参考国内市场中的品牌销售占到 0.5% 以上份额的品牌为 34 个，中国 18 ~ 35 岁女装消费者每年平均购买服装的次数约为 7.5 次等参考信息，对照品牌信息本论 N_z 取值表（$z = 34$），取值 $N_{34} = 1.0584$。

3）并推知女装行业的 R_{max} 为 6.042。

4）中国女装行业 2014 年品牌平均美誉度为 17.36%。

（2）目标消费者人数的确定。

消费者总数就是全国人口总数，目标消费者是按照品牌定位的目标人群求得。以某品牌在某市的目标人群计算为例，假设某市人口为 504.3 万人，女性占 48.74%，共计 245.8 万人，该品牌的目标消费者定位在 18～35 岁年轻女性，此年龄段人口占总人口数的比例为 29.2%，得：该品牌在某市的目标消费者总数为 717736 人。

（3）样本调研并计算各个地区的基础指标。

以国内某知名品牌为例，按照调研步骤，逐步对该品牌在全国典型城市的样本进行调研，计算后获得该品牌的基础指标（见表 11 - 1）。

表 11 - 1 某女装品牌在各个地区的基础指标

	鄂尔多斯	人口数（万人）	知名度（%）	认知度（%）	美誉度（%）	忠诚度（%）
北京	城市总人口	1961.2400	68.82	39.71	20.80	13.61
	目标消费者	1309.7161	69.23	26.92	11.67	32.82
成都	城市总人口	1404.7600	69.37	39.19	23.44	15.56
	目标消费者	938.0987	76.00	42.00	26.25	21.60
深圳	城市总人口	1035.7900	53.16	23.10	29.92	9.03
	目标消费者	691.7006	64.17	29.68	30.24	12.19
西安济南	城市总人口	1528.1800	53.54	26.77	14	3.10
	目标消费者	1020.5186	50	25	100	50
南昌	城市总人口	504.2600	86.84	28.95	31.11	14.56
	目标消费者	336.7715	100	25	50	18.89
太原	城市总人口	420.1600	74.53	36.79	14.57	14.21
	目标消费者	280.5828	85	42.50	14	19.67
阳泉	城市总人口	136.8500	76.51	40.27	28.18	10.51
	目标消费者	91.3884	77.78	43.33	37.69	13.48
嘉祥	城市总人口	87.2300	68	34	41.25	21.60
	目标消费者	58.2522	100	50	10	6.67

（4）计算全国基础指标。

以调研城市所代表的该级别城市人口总数与全国人口总数之比作为权重数，对各地基础指标进行加权平均，求得该品牌的全国基础指标值（见表 11 - 2）。

表 11 - 2　某品牌的全国基础指标

鄂尔多斯		人口数（万人）	知名度（％）	认知度（％）	美誉度（％）	忠诚度（％）
全国	总人口	132344.7200	70.1	33.38	21.32	10.78
	目标消费者	88380.8360	75.6	34.5	45.09	25.64

（5）计算品牌信息量。

按照式（11 - 1）及参数代入后运算，得到如下结果：

$$Q_E = \left[132344.72 \times 0.701 + (6.042 - 1) \times 0.3338 \times 0.701 \times 132344.72 \right] \times 1.0584^{\frac{0.2132 - 0.1736}{0.1736}}$$

$$Q_E = (132344.72 \times 0.701 + 132344.72 \times 0.701 \times 0.3338 \times 5.042) \times 1.0130$$

$$Q_E = 2521493936.1（万·比特）$$

同理，可以求得目标消费者的信息总量是 1967385554.0 比特。

这个计算结果是一个品牌在特定行业里的某个特定时刻，所包含的信息量的计算结果。犹如销售其他商品之前需要先计量一下它的量，商品的价值可以随着市场价格的变化而变化，但它们的量不会变化。

品牌的量就是品牌的信息量，若要探知品牌的价值，需要对品牌单价的形成机理再做研究，有品牌的信息量和品牌信息单价就可以知道品牌的价值，而且是品牌现值结果，并没有将品牌作为资产计算品牌的估值。在没有品牌信息单价的时候，品牌的信息量可以理解为品牌对消费者的影响力，品牌定量分析就是对品牌包含的信息量构成进行系统的分析。

11.2　品牌信息量的规模评价

11.2.1　品牌信息总量规模的评价标准

一个品牌在区域地区里算是知名品牌，但就全国范围而言可能只是一个微小品牌，因此，对品牌规模的评价一定要有一个范围。下面将以全国范围而言建立对品牌规模进行评价的标准，适用面对消费者的各类品牌。

（1）微小规模品牌。

以知名度最低阈限 5% 为界，是区别一个品牌是否具有影响力的标志。知名度小于 5%，一般是销售过程当中自然产生的知名度，该品牌还没有形成市场影响力，绝大多数知名度小于 5% 的品牌，其忠诚度都非常微小，消费者还没有形成消费习惯或偏好。

换算成信息量即人口总数的 5% 的信息量成为最低要求，以全国市场为经营范围的品牌，信息总量小于 6600 万比特，则被认为是品牌具有影响力的品牌最低下限，小于此规模的品牌称为微小品牌。

如某品牌针对某特定地区或某类特定人群，在这个特定地区或特定目标人群中获得了较高的指标结构，但对全国范围而言，其他地区各项指标都很低，信息量相对全国而言，低于最低阈限，则该品牌为区域品牌或小众品牌，就全国范围而言是微小规模品牌。

（2）小规模品牌。

对面向全国市场的品牌，其信息量在高于 6600 万比特时，知名度一般会高于最低要求的 5%，无论是否有过有意地运作，该品牌事实上开始形成了对消费者的影响力，高于此下限之后的品牌逐步开始有了一定的忠诚度，消费者偏好逐渐开始形成，消费者出现重复购买现象。

知名度在 5%～16.5% 属于过渡性质的规模范围，其他指标都以品牌结构的最优状态时的最低阈限标准进行计算，则换算成信息量是

0.660 亿~2.178 亿比特，这一段是小规模品牌发展的早期阶段，是品牌信息的基本量积累时期。就全国范围而言，在此规模范围内的品牌称为小规模品牌。

（3）中等规模品牌。

中等规模的上下限是区别大规模和小规模品牌的界限，小规模的上限是 2.178 亿比特，这也是中等规模的下限。

中等规模品牌的上限的确定是通过求得目标消费者的品牌信息总量接近全国信息总量曲线的拐点。根据品牌信息均值的变化规律，一个由专业专营品牌向大众品牌发展的过程是品牌信息均值逐渐减小趋近于 1 的过程。可以将两者建立一个回归关系图，图中曲线的拐点处就是一个专业品牌转向大众品牌的关键点。越过该点后的品牌，其目标人群的特性就不再明显清晰，在消费者认知中，该品牌也不再具有专业特征的印象，而成为一个泛大众的品牌，对照样本的拟合结果，该拐点的位置对应的量是 7.884 亿比特。为此，中等规模的上限被定义在 7.884 亿比特。

就全国范围的品牌而言，中等规模品牌的范围是 2.178 亿~7.884 亿比特。这个范围跨度很大，可以再将其细分为"中等偏小规模品牌""中等规模品牌"和"中等偏大规模品牌"三个类型，以区别接近上下阈限的品牌有着明显区别的规模性质。

（4）大规模品牌。

大规模品牌的下限是中等品牌规模的上限，即 7.884 亿比特，超过这一下限的品牌意味着这个品牌已经开始成为一个全国性的大规模品牌，在全国主要地区的信息量分布比较均匀，原产地区的优势开始变得不再明显，逐步退去区域品牌的特征。品牌的目标消费者和其他消费者对品牌的认知程度的差异缩小到很不明显的程度。

大规模品牌的上限是以质量比最优时的基本量最高值的下限，按照质量比最优平均值 0.35 和基本量最高值的下限（即 $R_{max}=1$）计算，对应的值应为 19.863 亿比特。

（5）超大规模品牌。

大规模品牌的上限就是超大规模品牌的下限，即 19.863 亿比特。达到这一上限的品牌意味着该品牌的目标消费者与其他消费者认知程度无差异，原产地区的指标无优势，该品牌对全国所有地区的影响力平均且影响很大。

一般情况下，达到这一下限值以上的品牌家喻户晓，消费者对其广泛认知，耳熟能详。

11.2.2 规模评价标准与有关决策的运用

11.2.2.1 品牌信息总量规模的评价汇总

对上述品牌信息量规模的分类进行汇总，可得如下品牌信息量规模的评价标准表，值得注意的是备注了全国范围意指这个标准是相对于全国范围而言的，其中计算的逻辑适用于其他范围，只是标准的阈值需相应地进行调整（见表11 – 3）。

表 11 – 3　品牌信息量规模的评价标准

类型	信息量范围	备注
微小品牌	$X \leqslant 0.660$ 亿比特	全国范围
小规模品牌	0.660 亿比特 $< X \leqslant 2.178$ 亿比特	全国范围
中等规模品牌	2.178 亿比特 $< X \leqslant 7.884$ 亿比特	全国范围
大规模品牌	7.884 亿比特 $< X \leqslant 19.863$ 亿比特	全国范围
超大规模品牌	19.863 亿比特 $< X$	全国范围

该标准的用途比较广泛，可用于对品牌进行初步分析时的品牌类型定性和归类，对一个行业品牌进行排序和分析需遵循可比原则，这个标准为此提供了依据。也可以用于单一品牌进行延伸、兼并或扩张决策的条件依据。

11.2.2.2 与品牌信息量规模有关的决策

品牌信息量的规模是企业进行品牌决策的重要参考指标，与许多品牌战略战术决策都有关系，如下选择有关品牌延伸、品牌兼并以及品牌扩张三项决策解释品牌信息量规模在企业决策中的应用。

（1）品牌信息量规模在品牌兼并决策中的参考作用。

品牌不是一个简单的营销工具，它是一个复杂的经营系统，根植于孕育它的企业当中，在培育和维护它的过程中，它与企业命运相依，难以分割。将品牌与企业分割开纳为己有的尝试一般都是徒劳的。

对于出资购买品牌的企业而言，购来的品牌只是营销工具，不会完全接受这一品牌带来的文化和对内的影响，这一品牌也不可能与这一不同的经营系统完全相融，之间的冲突不可避免。平日里见到的那些有关品牌的买卖多数是围绕商标使用权展开的，其实更确切地说他们买卖的是商誉（goodwill）。商誉所描述的只是品牌的一个部分，是品牌对外影响力的集中表现。对一个品牌商誉构成影响的因素实在太多了，原产地、国别、行业甚至科研基地等都与商誉有关，少获得一项都有可能影响它的商誉，于是可以看到很多品牌的转手是伴随着大规模的企业并购同时进行的。其目的就是千方百计地保有原品牌全部的要素，在消费者眼里没有发生任何变化，以便顺利地使之易手。即使将全部与商誉有关的一切悉数购得，也不可能获得品牌的全部，因为品牌还有很多没有表现在对外影响的商誉上的作用和功能，如有实证研究表明：品牌对企业员工的忠诚度有促进作用，比较一个有品牌的企业要比没有品牌的企业，他们的员工对最低工资的容忍度存在显著的差异。这是最典型的品牌非营销工具的作用，而在品牌并购实务中，最难以改变的就是深受品牌影响的员工对品牌情感依存的转移。企业内的员工在品牌所有权发生变化时会受到很严重的影响，这使得他们的归属感遭到致命的破坏。只要被员工和外界知晓了所有者的变动，这种影响就不可能不存在，除非永远保守这个秘密，但这在现代几近透明的商业社会中简直就是天方夜谭。

直接购买品牌只是有可能买走品牌作为营销工具的部分功能，或多或少地对销售有些好处，因而对于强势企业收购弱势品牌的案例中，可以见到弱微品牌被简单地修剪后当作营销工具永远不会进入其品牌线内，有的甚至被束之高阁，但相反，对于弱势企业收购强势品牌的案例中却见到强势品牌被敬若上宾、寄予厚望，但无论怎样精心尽力，都不可能将其完全融合或是连根拔起。

品牌的原意是烙印的意思，是区别所有者的标志，也是企业自己成长的印记，刻满了企业的艰辛和积淀。可见，企业的品牌依靠自己的创造，通过收购获得品牌只是一厢情愿的奢望，品牌是买不来的。

一般说来，两个品牌之间的信息量比值在（0.62, 2.12）时，消费者对其差距的印象是非常模糊的。也由此可以简单地认定两个品牌之间的信息量比值处于这一区间时，可以联合品牌名称使用，而消费者不会感到有较大的变化。

而兼并方品牌信息量远远小于被兼并方品牌信息的时候，被兼并方品牌的消费者很难接受兼并方品牌凌驾于被兼并品牌之上。相反，当兼并方品牌信息量远远大于被兼并方品牌的时候，很容易融合，消费者对兼并方品牌没有太多的改变。

为此，在并购决策中需要考虑双方的品牌信息量差距。

（2）在兼并过程中实施母子品牌结构的必要条件。

品牌资产是企业进行兼并是必须考虑的重要问题，尤其是在两个都具有品牌的企业间发生兼并时，其中一个品牌将成为另一个品牌的子品牌。两者之间的关系能否顺利地成为母子品牌关系，主要取决于两者信息量规模的比较。

品牌具有的信息量差距足够大，是保证母子品牌顺利形成的重要因素。一般来说两者的差距越大越容易形成母子品牌。作为子一方的品牌信息总量不应超过母一方品牌信息总量的61.8%，一旦超过就不能勉强使用母子的形式来构建品牌结构，两者应为并列品牌，可以考虑产品品牌战略中的品类并列的形式。

品牌兼并后采用的形式不仅取决于品牌信息量的规模，还有品牌所处行业的差别、企业原品牌管理结构，以及消费者原有的品牌印象、品牌性格等问题。但品牌规模是品牌兼并时能否顺利实施品牌结构母子化的必要条件。

（3）隐性广告实施的参考条件。

外界刺激必须达到一定的强度，才能被人意识到，这一强度就是意识阈限。低于意识阈限的刺激，人们不能清楚地意识到刺激信息的存在或改变，但仍会有作用，这种情形叫作阈下知觉。刺激强度在意识阈限以下的广告称为隐性广告又称阈外广告，最常见的形式诸如植入广告等。

植入广告，是指把产品及其服务具有代表性的视听品牌符号，融入影视或舞台产品中的一种广告方式。从它出现开始就受到各类赞助商的追捧，这都源于植入式广告具有独特的传播优势，这些优势归结起来，就是能够形成强大的品牌渗透力，且能够符合媒体、消费者和品牌商的多方利益，具有很高的广告性价比高，有不可确定的超值预期回报。

植入广告的有效到达率高、曝光率高、口碑传播效果好，且具有投入成本低、干扰度低、影响的持久性等优点。但植入广告也有着明显的限制条件，诸如：其不适合深度说服，不适合做直接的理性诉求或功能诉求等。可见并不是任何企业和产品在任何时间和地点都可以使用植入广告。植入广告能否顺利实施取决于多方面的因素，包括影视作品题材与产品的相近性，品牌的成熟度等，其中，品牌信息具有的规模也是必须参考的重要条件。

在实务中，一些新的缺乏知名度的产品实施植入广告策略，但效果欠佳的主要原因是因为消费者对该品牌的符号缺乏足够的认知，植入广告起到的提示性作用或示范作用难以发挥。实证表明：对于全国性品牌而言，品牌规模仍处于 0.6680 亿以下的微小品牌是不适合使用植入广告的；在 0.668 亿~2.178 亿的品牌，1.601 亿的规模是植入广告效果的拐点，这一拐点的意义在于品牌在发展周期中处于成长期初期向快速成长期过渡。0.668 亿以下的品牌可以视为品牌导入期，在导入期内的品牌仍缺乏对消费者的影响力，植入广告很难发挥作用，在进入成长期后，对消费者的影响力逐渐增强，度过拐点意味着这一品牌的信息量将快速增加，同时也进入到植入广告使用的最佳时期。成熟期后期也是使用植入广告效果很好的一个位置，在 32.138 亿左右的品牌使用植入广告的效果也非常明显。

12. 品牌定量分析指标

12.1 "质量比"指标的设计

12.1.1 质量比指标的内涵及推导过程

品牌信息质量比值是判定品牌质量高低的指标。该组指标对品牌信息量的构成进行系统分析，有五个重要参数，一是品牌信息的基本量贡献率，指一个品牌当中的信息基本量占总信息量的比重；二是品牌信息的延伸增量贡献率，指品牌延伸产生的信息量占品牌信息总量的比重；三是增量与基本量之比，反映出品牌具有的延伸能力；四是品牌信息质的贡献率，指品牌通过美誉度获得的质量在品牌信息总量中所占的比值；五是品牌质的贡献率与（基本量贡献率＋延伸量贡献率）之比，反映了品牌的质量。

在没有进行延伸或只对母品牌计算的情况下，延伸的情况是不予考虑的，因此，简化计算方法的分析中没有第二项和第三项指标，第五项指标也调整为品牌质的贡献率与基本量的贡献率之比。

如下逐一介绍品牌信息质量比指标组的各个指标的含义及计算过程。

（1）品牌信息基本量的贡献率。

品牌信息基本量贡献率是品牌信息基本量和品牌总的信息量的比值。

简单地说，品牌信息基本量贡献率反映的是一个品牌通过知名度和认知程度获得的消费者认知在该品牌的总影响力当中起到的作用比例。品牌信息基本量贡献率的具体计算公式如下：

$$品牌信息基本量的贡献率 = \frac{品牌信息基本量}{品牌信息总量} \times 100\%$$

即

$$\theta = \frac{J}{Q_E} \times 100\% \tag{12-1}$$

式（12-1）的解释是：这一比值是品牌信息的基本量在品牌信息总量的比重，表现为品牌所能取得的作用有多少是依靠基础信息取得。该值越小表示基本量在整个品牌信息作用中所占比重越小，品牌依赖知名度和认知度的程度越低。

（2）品牌信息延伸增量的贡献率。

$$品牌信息延伸增量的贡献率 = \frac{品牌信息延伸增量}{品牌总信息量} \times 100\%$$

即

$$\eta = \frac{Y}{Q_E} \times 100\% \tag{12-2}$$

品牌延伸的增量是品牌信息的主要来源，该值表示出一个品牌能够发展的空间大小。

（3）增量与基本量之比。

$$增量与基本量之比 = \frac{品牌信息延伸增量}{品牌总信息基本量} \times 100\%$$

即

$$\sigma = \frac{Y}{J} = \frac{\eta}{\theta} \tag{12-3}$$

延伸增量与基本量之比越大意味着品牌的延伸性越强，也意味着该品牌具有更大的发展空间。因此，该比值应越大越好。

（4）品牌信息质的贡献率。

$$品牌信息质的贡献率 = \frac{品牌总信息量 - 品牌信息基本量 - 品牌信息延伸增量}{品牌总信息量}$$

$$\times 100\%$$

即

$$\varphi = \frac{Q_E - J - Y}{Q_E} \times 100\% \qquad (12-4)$$

该值由品牌信息总量中去掉基本量和延伸增量部分所求的品牌的质所带来的品牌信息量，与品牌信息总量的比值构成，表达了品牌质在品牌信息的作用中所占的比重，是品牌发展质量的最重要指标。

（5）品牌信息质量比值。

理论上，品牌信息质的贡献率应该接近品牌量的贡献率，品牌信息质量比值大于 1 时，该品牌称为有一定影响力的品牌。

$$品牌信息质量比值 = \frac{品牌信息质的贡献率}{品牌信息基本量的贡献率 + 品牌信息延伸增量的贡献率}$$

$$\lambda = \frac{\varphi}{\theta + \eta} \times 100\% \qquad (12-5)$$

该值是品牌信息质的贡献率与量的贡献率的比值，表示出品牌信息的质量比关系。

分析：品牌信息基本量贡献率和品牌信息质量贡献率的和是 100%，两者的比值是品牌信息质量比 λ，取值应该在 $\left(-\frac{1}{N_z}, +\infty\right)$。实践中根据行业的 $R_{\max}$ 水平和美誉度水平，一般处在 $\left(-\frac{1}{N_z}, R_{\max}N_z\right)$，即品牌起步时美誉度为 0，即使有知名度或由销售自然产生的美誉度，此时的 λ 取值 $-\frac{1}{N_z}$；λ 取值在 $\left(-\frac{1}{N_z}, 0\right)$ 时，意味着品牌有一些美誉度，品牌质量有所好转，但品牌质量状况仍低于该行业的平均水平；λ 大于 0 的品牌意味着该品牌的信息质量状况好于行业。λ 在大于 0 之后可以说这个品牌具有了相当数量的自传播现象。

12.1.2 单一品牌的质量比的阈限及关键点

12.1.2.1 单一品牌的质量比

质量比是品牌定量分析理论当中最重要的一个指标，运用广泛。为了能够更清楚该指标的内涵，使得读者能够灵活运用该指标，将其简化为单一品牌在没有延伸的情况进行详述，并举例说明。该指标简化为如下公式：

$$质量比 = \frac{质的贡献率}{量的贡献率}$$

即

$$\lambda = \frac{\varphi}{\theta} \qquad\qquad (12-6)$$

该指标的设计原意是一个品牌的信息总量当中，质的部分与量的部分进行比例设计，能够反映出一个品牌的影响力当中，来自质的影响与来自量的影响是否平衡。该比值过大或过小都是极端现象，可以说"质的部分和量的部分哪一个过大对品牌都不是正常现象"。该指标过小，意味着质的贡献很小，品牌的影响力基本来自品牌依靠广告获得的消费者对该品牌的知晓和认知，仅仅是知名度和认知度获得的影响力，显然是不够的。在知名度和认知度不足的情况下，品牌如出现该指标过大的情况，则意味着该品牌内在质量很好，但缺乏消费者对该品牌的基本认知，也很难形成影响力。正常优质的品牌，会有较高知名度、认知度构成的基础指标上，出现合理的质量比。如下就是对质量比分布范围阈值及其性质的确定。

12.1.2.2　质量比阈值及其性质

品牌信息质量比值是判定品牌质量状况的主要指标，该指标的参考阈值区间及其各个区间的性质如表12-1所示。

表12-1　品牌信息量质量比评价指标

	>2.17	奢饰品特征小众化经营
	0.6~2.17	质有余而量不足
品牌信息质量	0.3~0.6	最优区间、质量最优
比取值范围	0.07~0.3	良好
	0~0.07	一般
	≤0	低于同行业品牌的质量平均水平

（1）$\lambda \leq 0$。

品牌信息质量比为0，意味着该品牌的影响力全部来自知名度和认知度，其美誉度等于所在行业的平均美誉度。该品牌的质量等于该行业所有品牌质量的平均水平（实务中一般使用大于市场份额 0.5% 的品牌进行计算）。

$\lambda < 0$ 意味着该品牌的质量发展水平低于同行业所有品牌发展的平均水平。该品牌的美誉度低于行业平均美誉度，品牌的影响力受到了质量不足的影响，没有达到本该达到的水平。

（2）$0 < \lambda \leqslant 0.07$。

λ 处于此范围的品牌质量不高，可以称之为一般水平。仅仅是略高于行业所有品牌发展的平均水平，若是知名度不高的品牌，则品牌还处于发展初期，出现了一些自传播现象，但很微弱。若是知名度较高的品牌，则品牌有一定的影响力，但基本来自广告等传播工具的影响，消费者的偏好还没有形成，需加强公共关系活动，增强品牌的内在发展质量。

（3）$0.07 < \lambda \leqslant 0.3$。

λ 处于 $0.07 \sim 0.3$ 的品牌质量属于良好水平。如果知名度和认知度较高，品牌表现较为出色，能够反映出厂商对品牌运营具有较高水平的经营能力。如果知名度和认知度都较低，则说明该品牌的消费者人群还比较有限，依靠较好的服务水平获得了较高的认可，但总体影响力还是比较有限。

（4）$0.3 < \lambda \leqslant 0.6$。

λ 处于 $0.3 \sim 0.6$，称为内在质量最优阶段。如果能够具有较大的品牌信息总量，目标消费者在知名度和认知度上与全国知名度和认知度有显著的优势，各项指标间的比例恰当，则该品牌的质量结构最为理想。此时的品牌具有非常好的口碑传播效果，具有极强的自我传播动力，且上升空间很大。理论上，在 $0.3 \sim 0.4$ 最佳，超过 0.4 后品牌的质量表现更为明显，需要相应的量也增加，不超过 0.6 都是正常的优质水平。

（5）$0.6 < \lambda \leqslant 2.17$。

λ 处于 $0.6 \sim 2.17$，品牌会表现出质有余而量不足的状况。若知名度和认知度不高，则体验过该品牌产品的消费者表现出对该品牌的美誉很强，但体验过该品牌产品的消费者数目太少了，需要企业加大自己品牌的宣传力度，提高品牌信息的量。若知名度和认知度较高，则意味着品牌有可能是专门向小众品牌方向发展。

$\lambda = 2.17$，意味着一个品牌的量和质相当，可能需要企业对品牌的发展方向做一个选择决策。企业可以选择继续增加 λ，发展高端品牌，甚至是奢侈品品牌。也可以降低 λ，使得品牌质、量均衡发展。

（6） $\lambda > 2.17$。

$\lambda > 2.17$，质量失衡的表现，若知名度和认知度不高，忠诚度较高，则有可能是企业的特殊营销方式所致，品牌的作用发挥得很充分，但整体影响力较小，是具有奢侈品特征、面对小众人群的品牌。

12.1.3　质量比指标的应用

12.1.3.1　实施主流媒体广告的条件

主流媒体的广告是扩大知名度最快的途径，但何时运用一直是厂商很难把握的一个难题。在实务中，确实有一批品牌是依靠口碑传播逐渐积累起来的商誉，因为无法判断实施广告的时机以及对广告效果的顾虑，从未实施过大规模的主流广告。运用品牌信息质量比的运算结果，是可以对广告时机有科学分析和把握的。

在质量比值阈的确定过程中，可以明显地看出各个取值阈内品牌的广告效果的差别。低于最优阈值下限的品牌，其广告效果的递减效应非常明显，应该说，低于最优阈值下限的品牌其信息总量当中依靠质量的成分都是不够的，重点应该加强品牌质量的建设。而相反情况下，品牌信息质量比高于最优阈值上限的品牌，基本都是依靠品牌口碑的自传播效果进行传播，而往往这一类型的品牌，其信息总量都不是很大。因此，有着较高认可度的品牌受制于认可面的不足，而恰恰正是这个阶段的品牌，其广告效果的递减效应很不明显，确切地说：处于高于品牌信息质量比上限的品牌（>0.6），应该选择实施主流广告的策略。

此时实施主流媒体的广告策略，能够迅速为消费者知晓，依靠高质量比中很强的自传播能力，广告内容会迅速传播。随着广告接触面的扩大，质量比也会逐渐下降，降至最优范围（0.3~0.6）之后，广告效果开始递减。此时，厂商可以停止或减少广告的投入，保持质量比在最优区间是选择主流媒体广告和公共关系活动在一段时期内交替使用的主次问题的关键指标。

12.1.3.2 判断并防范品牌危机的发生

品牌危机也是一种企业危机，但比一般的企业危机危害更大。品牌危机理解为由于企业外部环境的变化或企业品牌运营管理过程中的失误，而对企业品牌形象造成的不良影响，并在很短的时间内波及到社会公众，进而大幅度降低企业品牌资产价值，甚至危及企业生存的窘困状态。

与一般企业危机相比，它具有"突发、低可预见性，破坏强、严重危害性，以及受到公众和媒体的舆论关注"三个特点，尤其是品牌危机是具有极高不确定性的危机，它具有的突发性，使其在一般情况下根本无法准确预见。运用质量比概念，可以提前预知品牌存在的质量问题，从而做到提前判断危机的到来，或是未雨绸缪防范危机的发生。

质量比反映这一个品牌内在质量的好坏程度，尤其对于较大规模以上的品牌而言，其质量的好坏直接体现了企业经营者对品牌的运作和管理水平。

质量比的判断有绝对值的判断和相对值的判断两种思路。对于绝对值的判断是依据上节给出的关键点和阈值进行判断的，基本能够判断出一个品牌的质量状况，与总量配合能够得出发展是否健康的结论。相对值的判断略显复杂，一方面可以与同行业的其他品牌以及平均水平进行比较分析，另一方面可以按照时间序列对自己的发展趋势进行分析。在判断并防范品牌危机中，最主要是使用对自己的发展趋势进行相对比较分析。若品牌具有较大规模，而同时质量比却迅速下降，则昭示着一种潜在的品牌经营风险。如果在特定的时间段内出现加速下滑，则要经营者提高警惕，给予足够的重视。由于受到调研样本的限制，质量比取值上下浮动5%以内都是正常的，如果连续三次间隔不超过1个月的调研显示下降幅度在5%以上就应该重视这一现象的内因了。对于质量比迅速下降和目标消费者美誉度散失同时出现的品牌，可以说品牌危机信号已经非常明显了。

12.2 "均值比"指标组设计

12.2.1 均值比指标的内涵及推导过程

品牌信息均值是描述每个消费者所具有的品牌信息量。品牌信息均值比是大众消费者、目标消费者、品牌所在地消费者所具有的品牌信息均值之间的比率关系。反映的是品牌地域差异、消费不同类别的信息集中程度的指标。

（1）全国人口平均信息量。

该值是通过品牌信息的总量对全国人口总数的平均求得，意指国内每一个人平均保有的该品牌信息量。

$$全国人均信息量 = \frac{品牌总信息量}{全国人口总数}$$

$$\omega = \frac{Q_E}{G} \tag{12-7}$$

（2）目标消费者平均信息量。

该值是通过品牌信息的总量对目标消费者总数的平均求得，意指每一个目标消费者平均保有的该品牌信息量。

$$目标人群平均信息量 = \frac{目标人群总信息量}{目标人群总数}$$

即

$$\omega_1 = \frac{Q'_E}{G_1} \tag{12-8}$$

（3）品牌原产地人口平均信息量。

该值是通过品牌信息的总量对该品牌原产地人口总数的平均求得，意指原产地每一个消费者平均保有的该品牌信息量。

$$品牌原产地平均信息量 = \frac{品牌原产地总信息量}{品牌原产地人口总数}$$

即

$$\omega_2 = \frac{Q''_E}{G_2} \tag{12-9}$$

12.2.2　均值比指标分析

单独看均值比指标没有任何意义，均值比只有在对比的情况下才能得出相应的结论，如目标消费者信息均值与大众消费者信息均值之比是最常用的品牌信息均值比值，是反映品牌的经营范围的指标。

如下以目标消费者均值与大众消费者信息均值之比为例，对这一指标的应用进行系统解释。

12.2.2.1　信息均值比

目标消费者信息均值与大众消费者的信息均值的比值，简称信息均值比，是基于两者绝对值比较的分析，也是最常用的品牌定量分析指标之一，在一般情况下，全国人均信息量应当小于或等于目标人群平均信息量，即 $\omega \leqslant \omega_1$，意味着品牌的传播信息比较集中在目标人群，非目标人群可能受到一些品牌的影响，但比目标消费者要低一些。

在品牌发展过程中，某些品牌由于品牌信息传播的内容和渠道的原因，会在有些阶段发生全国人均信息量大于目标消费者平均信息量的情况，在这种情况下 $\frac{\omega_1}{\omega}$ 比值会小于 1，这是企业选择主流媒体对大众进行传播，未能找到目标消费者致使品牌信息的传播过于分散的结果。

正常情况下，目标消费者平均信息量会大于全国人均信息量，这种情况下 $\frac{\omega_1}{\omega}$ 比值会大于 1，当目标人群平均信息量大于全国人均信息量阈限以上时，该品牌称为专业品牌。

12.2.2.2　信息均值比的关键点选择

（1）$\frac{\omega_1}{\omega} = 7.449$。

品牌信息均值等于 7.449 时，消费者对该品牌的印象将发生一个重要的转折，半数以上的消费者对大于该值的品牌印象非常刻板，难以接受该品牌的任何延伸。在此之前，对小于 7.449 的品牌，多数消费者还是能够部分接受该品牌进行延伸。说明这是专业品牌与专营品牌的分界点。信息均值比越高意味着专业化倾向越严重，品牌受到专业化程度很高的小众消费者的认可度也越高，目标消费者熟悉该品牌的程度远远高于一般大众消费者，与该品牌无关的消费者不熟悉该品牌，甚至不知道该品牌非常明显。

（2）$\frac{\omega_1}{\omega} = 1.53$。

随着信息均值比逐渐下降，目标消费者和大众消费者之间对该品牌的熟悉程度的差异越来越小，低于1.53之后，半数以上的目标消费者与大众消费者对品牌印象不存在差异，目标消费者与大众消费者趋同的趋势显现。因此，1.53是这一趋势的拐点，越过此点后，这一印象发展的速度会大幅减缓。

（3）$\frac{\omega_1}{\omega} = 1$。

理论上，目标消费者的人均信息量应该高于大众消费者，趋近于1意味着目标人群的人均信息量越来越接近大众消费者的人均信息量。等于1则意味着目标消费者与大众消费者对品牌的认知无差异。信息均值比在0~1的企业属于大众化经营，专业化程度低，没有专业专营特征，更易于品牌的延伸。

12.2.2.3 阈值范围及其性质

根据上述三个关键点，将信息均值比分成如下四个阈值范围，处于不同阈值的品牌，性质也不一样，参考阈值如表12 - 2所示。

表 12 - 2 阈值汇总

信息均值比	$\frac{\omega_1}{\omega} > 7.449$	专业特征
	$(1.53, 7.449]$	专营特征
	$(1, 53]$	大众化特征
	$(0, 1]$	不正常的情况

（1）$7.449 < \dfrac{\omega_1}{\omega}$。

品牌信息均值比大于 7.449，说明该企业经营的产品专业化程度高，高度专业化更容易赢得口碑，但不易于品牌的延伸。同时也说明该品牌的传播效率高，传播目标集中。

（2）$1.53 < \dfrac{\omega_1}{\omega} \leqslant 7.449$。

品牌信息均值比处于 1.53～7.449 属专营经营，专门经营某大类产品的品牌。越接近 1.53 越趋近大众品牌，越易于延伸，但同时也说明该品牌大众化传播趋势明显，传播效率下降，传播目标不集中。越接近 7.449 则越接近专业品牌，消费者认知程度高，但越不易延伸。

（3）$1 < \dfrac{\omega_1}{\omega} \leqslant 1.53$。

信息均值比在 1～1.53 的品牌属于大众化经营，专业化程度低，没有专业专营特征，更易于品牌的延伸。

（4）$0 < \dfrac{\omega_1}{\omega} \leqslant 1$。

可能是目标人群选择不当，或传播渠道有问题所致，致使目标消费者接收到的信息还不如一般消费者多，显然这是不正常的情况。

12.2.3　均值比指标的应用

（1）品牌地域性与专业性特征的判定。

理论上，若品牌的全国平均指标不高，原产地平均信息量远远大于全国人均信息量时，该品牌称为地域品牌。若品牌已是全国品牌，而原产地平均信息量明显大于全国人均信息量时，可以称为区域特色仍未完全褪去的全国品牌。

目标人群平均信息量大于全国人均信息量 7.5 倍以上，该品牌称为专业品牌。专业品牌有诸多好处，但也存在很大缺陷，可以说专业化对品牌而言是一把双刃剑，有利有弊，正确判定品牌的专业化程度是运用好品牌专业化的前提。信息均值比就是判定品牌专业化程度的主要指标。

（2）信息均值比在品牌延伸决策中的参考作用。

在品牌信息量的简化计算公式中，由联想度决定的品牌延伸部分略去，是因为对于单一品牌而言，延伸的信息量是不必计入其中的，且关于品牌延伸的度量相当复杂，因而简化为将具有延伸经营的品牌分行业单独计算并合并。在单一品牌模式下能否进行跨行业的延伸，并不涉及品牌联想度的度量，而是由单一品牌具有的规模、信息均值比和稳定性三项指标进行判断的。

品牌延伸决策是企业发展中的重大决策之一，决定品牌是否能够延伸的参考要素很多，品牌信息量达到一定规模及信息均值比低于一定程度是两个必要的条件。

由实证分析可得，在品牌面对全国消费者的情况下，总信息量低于2.178亿是很难成功跨行业延伸的。同时，信息均值比若在7.449以上，消费者对该品牌的刻板印象仍然是专业化程度极高的品牌，不适合从事延伸运作，否则会淡化或损毁原品牌。为此，品牌信息总量高于2.178亿，信息均值低于7.449是两个判断品牌能否顺利延伸的重要条件。对于信息总量仍不足2.178亿，且信息均值比处于7.449以上的品牌，强行进行延伸是非常危险的决策。

（3）检验品牌的传播效果。

品牌传播是品牌创建与管理的主要内容，再优秀的品牌也需要将其品牌内涵传播给消费者，传播是品牌管理无法跨越的环节。无论是公共关系还是广告，其传播的效率和优劣势都无法一概而论，一个品牌选择何种方式进行传播取决于自身情况、外部环境以及传播手段等多重因素。

检验品牌传播效果是调整传播策略的基础，只有清楚地掌握了传播的效果，才能实时准确地做出有效的传播。在实务中，一般是按照与销售有关的销售额或市场份额的变化为依据，对传播的效果进行检验。但销售额和市场份额的变化难以作为检察品牌传播效果，主要原因在于使用销售额对品牌进行评估最直接的问题是会忽视潜在消费者的存在。因为品牌的作用是长期的，尤其是新品牌带着新产品面市期间，很少企业能够做到立竿见影，新品牌在短时间内可能不会起到促进销售的作用，但并不意味着品牌没有发生作用，或者说该品牌对消费者的影响虽然暂时没有达到促进销售的发生，但并不是说该品牌对消费者没有影响。未发生购买行为却接受了品牌影响的消费者是典型的潜在消费者，市场营销学对市场的定义就是"消费者与潜在消费者的总和"。潜在消费者是企业未来发展的空间，也是品牌价值持续增加的动力之一，因此在品牌度量中是不能被忽视的。所以，使用销售额来度量品牌价值的结果往往会存在极大的偏差，其原因就是忽略了对未发生消费行为的潜在消费者的度量。例如一个几乎没有什么品牌价值的企业，因渠道的垄断而利润丰厚，最后会把这一结果记在品牌价值上；或是一个有着非常好的品牌表现但在短期内遇到资金链危机的企业，在这时如果单纯从销售额的角度看品牌的价值，结论与事实必然是相反的。

运用信息均值比的概念对品牌传播的效果进行检验是品牌定量分析的一个重要应用领域。信息均值比可以反映出品牌传播的信息是否有效达到目标消费者，表现为该值的增长。信息均值比是目标消费者对某品牌具有的认知信息量与大众消费者对该品牌的认知信息量之比。在一项传播活动之后，目标消费者和大众消费者的信息量增加的绝对值和相对值数目是检验传播效率的直接指标，直接反映了传播成本和传播效率，通常用千人成本和有效到达率来表达。但这两个指标并不能准确地反映出传播的效果。一项针对目标消费人群的传播活动，其效果是目标消费者人均获得的信息应该高于大众消费者人均获得的信息。使用信息均值比可以较为充分地反映这一内在情况。此外信息均值比的增速应该略高于相对值增速则能体现出更为有效的传播效果。

12.3 稳定性指标组的设计

品牌稳定性是品牌保持现状的能力，也是品牌定量分析的一项重要指标，对它的理解直接关乎到企业的品牌科学决策能力，是品牌管理的重中之重，掌握品牌稳定性可以大幅提高品牌管理的能力。

稳定的科学含义是对外界干扰的抵抗能力，换言之，稳定并不关乎状态的好与坏，稳定只关乎是否能保持原来的状态的能力，哪怕这个状态不那么理想。因此，对于状态优良的品牌来说，稳定性是优势，越高越好；而对于较差的品牌而言，企业致力于改变品牌的现状时，稳定性又成为一个必须克服的主要障碍。可以这样说，稳定性本身并没有特指好与坏，稳定是褒或贬，取决于品牌是要改变现状还是维持现状的意愿。

12.3.1　品牌稳定性指标组的内涵及推导过程

稳定性指标取决于内外两个方面的因素，内因来自于品牌本身的强度与维系稳定的忠诚度。外因与环境变化的速度和竞争者、替代者的强弱都有关系。来自于本身的强度标志着品牌自身具有的衰退规律，是以忠诚度、美誉度为代表的一系列品牌能力的综合效应。从信息的角度解释品牌稳定性，认为品牌信息本身具有的衰减趋势是内因，其他品牌信息的干扰是外因。一方面，品牌自身强度越强，衰退就越慢；另一方面，其他品牌的信息越多干扰就越多。

（1）品牌衰减系数。

该系数本身也是一个函数组，多个指标共同构成，由衰减实验测定，表示一个品牌信息的自然衰减规律，是在停止所有品牌信息活动之后，品牌信息衰减至 0 的规律的参数，是品牌质量的重要指标之一。

该系数的公式如式（12－10）所示：

$$\varGamma = N\left(\frac{x}{s_x} + \eta\,\frac{y}{s_y},\ \frac{\bar{t}}{t_i}\right) \tag{12－10}$$

一个品牌固有的衰减系数是由它对消费者的影响力决定的，而美誉度的高低和多镳信息重复率的大小正是它对消费者影响力的两个最直接反映的可度量计算参数，从这两个参数与品牌影响力的相关关系分析中，可以得出品牌衰减系数的具体计算公式。

品牌本身的美誉度决定了品牌信息本身的强度，$\frac{x}{s_x} + \eta\,\frac{y}{s_y}$ 是美誉度计算的公式，可以说一个品牌在未能形成美誉度之前是不存在稳定性的，只有具有了一定量的美誉度的品牌才开始趋于稳定。由于在时效性公式中该系数与时效性成反比关系，故品牌衰减系数的函数关系也是反比关系，推知：$\frac{x}{s_x} + \eta \frac{y}{s_y}$ 值越大，Γ 值越小，品牌信息的衰减速度越慢，反之亦然。美誉度为 0 时，Γ 值无限大，意味着该品牌信息很快衰减至 0，没有稳定性。

$\frac{\bar{t}}{t_i}$ 是指多镒信息重复率，是某品牌所在行业的品牌多镒平均间隔时间与该品牌信息发出的间隔时间之比，该比值反映出品牌具有相对性的特征。一个品牌发出的信息密度本身没有大小之分，关键是相对于其他品牌而言，高于平均水平的品牌信息密度为有效密度。该值越大意味着该品牌的密度越低，品牌强度越低，成正比关系，反之亦然。

$$\Gamma = N_2 \times \left(\frac{\dfrac{\bar{t}}{t_i}}{\dfrac{x}{s_x} + \eta \dfrac{y}{s_y}} \right) \tag{12-11}$$

N_2 作为调整参数，由行业竞争状况决定，参考附录 3，N_2 参数表。

（2）品牌信息的时效性指数。

品牌时效性指数如式（12-12）所示：

$$品牌信息的衰减速率 = \left[\frac{1}{品牌衰减系数 - 品牌忠诚度} \right]^t$$

即：

$$\gamma = \left[\frac{1}{\Gamma - L} \right]^t \tag{12-12}$$

品牌信息的衰减速率是在品牌信息的自然衰减和品牌信息对消费者发生的重复作用的基础上形成的品牌多镒信息，在品牌忠诚度的作用下综合而成的结果。该值形象地反映了品牌信息的多镒曲线规律。从该系数公式中可以看出，它与品牌美誉度和忠诚度有关。

（3）品牌信息有效期。

由品牌信息的衰减速率推算得到的品牌信息有效期，是指在停止了所有品牌工作后，品牌信息自然衰减稳定于基本量所能持续的时间周期。

$$t = -\frac{\log_2 品牌信息的衰减速率}{\log_2 品牌衰减系数 - 品牌忠诚度} 品牌信息基本量 \to 0$$

即

$$t = -\frac{\log_2 \gamma}{\log_2 (\Gamma - L)} \qquad\qquad (12-13)$$

12.3.2 品牌稳定性指标的阈值及关键点

12.3.2.1 关键点选择

品牌稳定性指数是反映品牌抗风险能力、维护费用、品牌信息有效时间间隔期等的指标。该值越大越稳定，说明该品牌维护费用越低，品牌信息有效时间间隔短，具有很强的抗风险能力。指数越小，说明品牌稳定性越弱，生产成本越高，需要频繁地做宣传来维护品牌信息的有效性。

品牌稳定性分析的目的是要对品牌信息质量对自然衰减的抵抗能力及应对环境变化或不可抗力危机的能力进行评估。企业面对的经营环境是具有高度经营风险的环境，品牌的作用之一就是能够为企业增加抗风险的能力，这需要品牌具有相对高的稳定性。

品牌稳定性指标就是用于描述品牌这一性状的指标。其值在（0，100）之间，通过品牌衰减系数以 2 为底的指数运算，减 1 去整，再乘以 100 获得的指标。该指标的关键点解释如下：

（1）趋近于 0。

趋近于 0 的品牌基本不具备稳定性，俨然是这个品牌还没有形成足够稳定的情况。

（2）$x = 7.49$。

7.49 对于稳定性来说是一个重要的分界点，图像可以看出这是一个增函数的拐点。高于 7.49 以上的情况可以视为较强稳定性，品牌各项指标的现状都不容易发生改变；而低于 7.49 以下的情况，品牌虽然具有一定的稳定性，但还是比较容易发生改变。

（3）$\dot{x} = 15$。

当达到 15 时，品牌稳定性会明显出现极强抵抗衰减的能力，品牌各项指标趋于稳定，现状极难发生改变，意味着消费者对品牌的印象和认知根深蒂固，偏好或习惯已形成。

12.3.2.2 稳定性的阈值范围及其性质

表 12 – 3 品牌稳定性评价指标

	> 15	极强稳定性
	9 ~ 15	强稳定性
稳定性指数	7.49 ~ 9	较强稳定性
	3 ~ 7.49	一般稳定性
	1 ~ 3	弱稳定性
	< 1	极弱稳定性

（1） > 15。

极强稳定性，品牌稳定程度极高，不易改变。

（2） 7.49 ~ 15。

强稳定性，品牌各项指标具有较为稳定的结构。

（3） 3 ~ 7.49。

一般稳定性，大多数具有一定影响力的品牌应该能够达到的稳定性水平。

（4） 1 ~ 3。

弱稳定性，在品牌发展进入过渡期时出现失稳状态的阈值区。

（5） < 1。

极弱稳定性。

12.3.3 稳定性指标应用综合案例

12.3.3.1 品牌发展周期各期间的管理要点

品牌的发生发展过程同其他事物一样，也具有非常明显的生命周期特征，可以简单地被分为导入期、成长期、成熟期和衰退期。成长期又可以分为成长早期、成长中期和成长后期，成熟期可细分为成熟早期、鼎盛期和成熟后期，衰退期可分为衰退早期和衰退中后期，如图 12 – 1 所示。

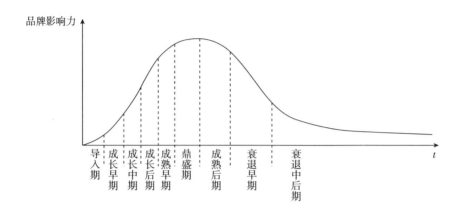

品牌影响力

导入期　成长早期　成长中期　成长后期　成熟早期　鼎盛期　成熟后期　衰退早期　衰退中后期

t

图 12 - 1　品牌生命周期

在各个期间，品牌工作的重点和难点都是不一样的，确定品牌的发展周期，是品牌管理中一个必不可少的重要环节，它关系到管理团队使用管理方法的有效性。

（1）新品牌导入期。

品牌的第一个推广阶段是新品牌导入期，导入期就是品牌第一次面对顾客或第一次参与竞争的阶段。导入期的特点是：目标人群出于对新品牌缺乏认知而谨慎选择。顾客中只有少数敢于尝试者，这些试用者可能就是顾客群中的勇于接受新鲜事物者，也可能是品牌的忠诚者。其他利益相关者也在密切注视新品牌的推广过程和结果。

概括和了解导入期的特点是为了企业制订适合的推广计划和媒体投放策略，针对一个新品牌的推广，目标人群的反应无外乎漠不关心、关注、尝试和充当传播者四种。根据以往的市场推广经验分析，顾客这四种行为状态的比例依次是 64%、21%、13.5%、1.5%，四种表现基本涵盖了目标人群对新品牌的态度，而且就是这些显著的态度决定了品牌推广策略。

品牌在推广前一定要充分地论证其可行性，并且制定一套有连续性和针对性的推广步骤。值得注意的是，品牌在导入期的推广因不同行业、不同产品而没有一成不变的推广模式，这要求根据具体市场、具体产品、具体的目标人群来选择适合自己的推广模式，简单地照搬成功案例很可能会弄巧成拙。

（2）品牌成长期。

经过新品牌导入期阶段，品牌推广就进入一个新的阶段——品牌成长期。成长期是品牌推广的关键时期。适应性地调整产品定位、品牌定位和推广方式在这一阶段是必要的，提升美誉度和忠诚度是这一阶段工作的重点。

成长期的特点是：品牌在行业内已有一定的知名度，越来越多的顾客表现出了对品牌的赞誉，并开始使用该品牌的产品，并在前期试用者中已有一定的忠诚度；品牌资产的无形价值已经初步形成；品牌的销售量和市场占有率进入快速上升期。

这一阶段是问题的爆发期，品牌管理和控制能力问题，有媒体的选择及投放的频率问题、品牌推广人员的观念和执行能力问题等，均会在这一时期显现出来，成长期里对于品牌推广的步骤、推广的协同力和推广的创新性要求很高。处在成长期的品牌已经具有较高的知名度，为了使品牌的美誉度和忠诚度得到同步提升，必须进行有效的品牌管理。

品牌成长期所采用的推广方式恰当与否关系到品牌竞争力和影响力的提高，因而，还应评价现有的推广模式是否有利于品牌的发展后劲。

（3）品牌成熟期。

品牌成熟期也有称之为品牌全盛期或收获期的。成熟期的特点是：品牌已有很高的知名度；目标人群相当明确且认知度很高；品牌已经具有了可以延伸的能力；已经拥有了相当数量的品牌忠诚者；销售量和市场占有率达到前所未有的高度，成为各媒体关注报道的对象，对社会公共事业有一定的影响力；品牌竞争力和影响力已经在行业内达到数一数二的位置，品牌的无形价值也已提高到新的高度。

处在成熟时期的品牌还存在许多软弱的地方。表现在品牌的核心优势的丧失、目标人群偏好的转移、顾客的忠诚度的降低等方面。当品牌进入全盛时期时，应当及时地全方位地检查自己存在的劣势，应深知这些劣势可能会成为品牌被攻击的弱点。因此，放大优势，修补劣势，是此阶段品牌管理的重点工作。

值得强调的是，成熟期的品牌因为品牌本身已经具有的影响力，成为各个利益相关者关注的焦点，稍有不慎，尤其是产品或企业声誉方面稍有不如人意之处，再经过媒体的放大炒作，极有可能使品牌陷入万劫不复的境地。于是规避风险是品牌成熟期的管理工作的重要原则。

（4）品牌衰退期。

所谓品牌的衰退期，是指品牌的美誉度和忠诚度表现出逐渐下降的趋势，品牌竞争力和影响力正处于逐步衰退的阶段。

衰退期的特点是：品牌的知名度仍然很高，但影响力远不如从前；目标人群的认知度仍在延续但力度逐渐下降；销售额和市场占有率数量明显萎缩。越来越多的经销商开始退出合作；品牌资产的无形价值正在以极快的速度降低。

品牌进入衰退期既是必然，又是偶然。当品牌定位和诉求不再适应，推广方式不当，抑或是竞争者加大投入，出现了先进的竞争产品，竞争者诉求和定位更加适应而失去顾客，或是突发事件处理不当等，都会使品牌由盛转衰。

由此看来，品牌衰退期并不必然使品牌走向衰败和消亡，只要处理得当，仍然可以延续品牌的生命力。

上述对品牌发展周期的四个典型期间的界限划分也并不严格。在两个期间存在着过渡期，如在成长期后期和成熟期早期之间存在一段过渡期，过渡期的典型特点就是失稳现象，无论在哪个阶段的过渡期，稳定性都会剧烈下降，出现低稳定或弱稳定伴随着品牌信息量急速增加或急速下降的现象。高稳定性是品牌在某一期间中间位置的标志，尤其是在成熟期中期表现得最为明显。处于成熟期中期鼎盛时期的品牌，其重要特征就是具有极高的稳定性。即使是处于成长期中期的品牌，在其规模、质量都未能达到较高水平时，仍会出现高稳定性的特点。

12.3.3.2　稳定性判断周期位置

使用深圳面点王品牌的生命周期位置的确定的案例阐述稳定性在判断品牌发展周期位置的应用。如表 12 - 4 ~ 表 12 - 7 所示是深圳面点王饮食连锁有限公司的品牌"面点王"在 2014 年的基础数据和各项指标。

表 12－4　面点王品牌 2014 年基础数据和各项指标

面点王	人口数 （万人）	知名度 （%）	认知度 （%）	美誉度 （%）	忠诚度 （%）	品牌信息量估值 （万·比特）
深圳	1035.79	82.84	41.87	46.12	46.17	2890.67434
全国	132344.72	21.94	10.2	8.69	3.62	51473.95405

表 12－5　面点王品牌信息质量分析

品牌	品牌信息总量 （比特）	信息基本量 （比特）	品牌信息基本 量的贡献率	品牌信息质 的贡献率	品牌信息 质量比值
面点王	514739540.5	437081101.2	84.91%	15.09%	0.1777

表 12－6　品牌信息平均值分析

品牌	全国人口平均信息量	目标人群	目标消费者平均信息量	$\frac{\omega_1}{\omega}$
面点王	0.38894	883808360	0.37914	0.97481

表 12－7　品牌信息的稳定性分析

品牌	$N(E)$ 函数值	品牌衰减系数	品牌信息的衰减速率	品牌稳定性指数
面点王	24.26208	0.04128	$(0.04128)^t$	2.9

分析：面点王品牌的信息质量比值为 0.1777，信息总量为 5 亿多，是个质量优良的中等偏大规模品牌。全国总人口的基础指标总体偏低，有一定的知名度，但各项指标间的比率关系基本合理。认知度与美誉度的比率关系基本匹配，美誉度略显低，但有一定的口碑，忠诚度略显不足，意味着该品牌没有对消费者的偏好形成较深的影响，消费者的消费习惯未形成。目标消费者与全国总人口平均指标基本接近，没有显著差异，可能是在品牌传播中使用大众媒体的缘故，或者该品牌就定位于大众。

该品牌的基础数据中，深圳的数据特别突出，具有 82.84% 的极高知名度，以及与之匹配的高认知度，很高的美誉度，且美誉度与认知度比率关系合理，最难能可贵的是获得了高于美誉度的忠诚度，说明在深圳地区，该品牌的口碑相当好，消费者重复购买率很高，消费者的偏好明显，消费习惯已经形成，是个品质优秀的区域品牌。

在全国其他二线以上城市的分布基本均匀，是个向全国市场发展的品牌，在有的三线以下城市各项指标为0，说明该品牌在发展过程中对城市有所选择，这可能与其发展模式有关。该品牌应该是全国性品牌，但保留非常明显的区域特征。从全国范围内看，该品牌处于成长期后期向成熟期过渡的阶段。单看深圳地区指标，该品牌的基础指标优良，指标之间的比例关系很好，是个内在质量上乘的品牌，处于成熟期鼎盛阶段。即使在全国指标中的基础指标并不理想，但质量比值却反映出该品牌具有的优良质量，在向全国市场发展的过程中，质量指标并不会因市场的扩大而被稀释，反而会成为判断品牌发展状况的重要依据。

面点王品牌的信息均值比小于1，已经是一个大众化经营的品牌。全国人均指标与目标消费者指标没有显著差异，与该品牌所在行业的特点或该企业采用的大众化的品牌传播方式有关，该品牌的基本量不足以支撑其进行大幅的扩张基础和延伸。

面点王品牌的稳定性指数为2.9，稳定性较弱，该品牌的信息间隔期较短，抗风险能力较弱。该品牌的弱稳定性结构说明该品牌还没有完成由区域品牌向全国品牌的过渡，处于区域品牌向全国品牌发展的过渡期，这一期间的品牌都会出现结构性失稳，是正常现象，且在指标体系中，该品牌保持了协调发展的节奏；此外，该品牌还有很高的上升空间。

结论：综上分析，该品牌就全国范围是一个处于成长期后期向成熟期早期过渡的品牌，就品牌所在地而言是个处于成熟期鼎盛阶段的品牌，是一个仍有明显区域特点的全国性品牌，大众化经营的中等偏上规模品牌，品质优秀，成长性好。

第5部分 品牌定量分析理论的实践应用

品牌定量分析的结论广泛应用于品牌决策与诊断技术领域,诸如战略目标的量化设计、品牌相关工作业绩考核等。本段以广告投放密度及广告间隔期的确定、品牌影响力的排序、品牌质量与成长性的择优方法三个具体应用为例,阐述品牌定量分析理论在品牌管理中的实践应用。

13. 广告投放密度及广告间隔期的确定

13.1 广告投放密度（间隔期）与品牌时效性

广告投放有集中投放和分散投放两种基本形式，两者没有清晰的界限，也没有具体的指标来判断集中和分散。广告投放密度是指厂商在单位时间内播放广告的次数，用来描述广告投放的集中程度。厂商一般以淡旺季为调整广告投放密度的参考依据。广告投入密度是重要的经营策略，对它的定量分析很有必要。

假设：厂商仅仅向消费者发出一则广告（品牌信息）就停止了其他的所有品牌（信息）活动，这条广告信息即使完全到达了消费者，也会立刻开始自然衰减，其衰减的趋势符合艾宾浩斯记忆与遗忘规律，就是一条趋于一个较低固定值的曲线。这一规律使得即使是已经获得了很高知名度的品牌也会持续地通过广告等信息活动将品牌信息重复地传递给消费者，目的就是强化消费者对品牌信息的记忆，阻滞或减缓品牌信息的自然衰减，让它长期保持一个相对稳定的状态。

从厂商在一定间隔期后的第二次广告信息达到消费者起，这两次广告信息进行的是一种复杂的叠加活动。其中有初次接触信息的消费者，也有首次接触已经遗忘的消费者第二次接触广告信息，也有首次接触已经记忆的消费者重复接触广告信息。如图 13 – 1 所示。

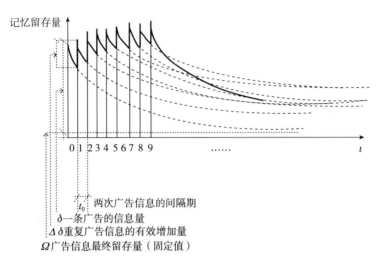

图 13 – 1 广告信息的叠加过程

厂商的一次广告信息量为 α，经过间隔期 t_0 后，会按照信息衰减率进行自然衰减 β 至一定的留存水平（$\alpha - \beta$）。当第二次广告信息到达消费者时，消费者的记忆留存量大于原有水平，才说明广告信息的重复是有效的传播活动。进行多次重复后，消费者对品牌信息的留存量才能够达到对消费者有影响的水平，此时，称广告信息积累成为品牌信息量。

13.2　品牌时效性函数与品牌信息衰减率的推导

如果只是接收一次信息，之后的衰减规律是很容易掌握的，但反复信息的留存量的度量要复杂得多。品牌信息的衰减系数与品牌的质量有关，所以在对此系数进行推算需要考虑与品牌质量有关的因素。品牌信息的自然衰减系数除了记忆模型的自然衰减系数之外，与品牌美誉度关系最大，一般来说，美誉度越高，意味着品牌信息越容易被记忆或越不容易被遗忘。

13.2.1 品牌信息衰减率的推导

品牌信息间隔与时间有关，间隔时间越短越容易反复留存。品牌信息一般不会间隔很久，反复程度以及反复内容是否一致等都会对留存信息有影响。多次信息反复叠加就形成了一组多锚记忆的曲线，如图13-2所示。

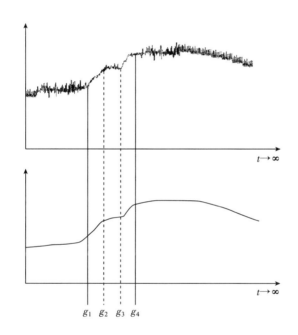

图 13-2 在（$t\rightarrow\infty$，$\Delta t_0\rightarrow 0$）条件下品牌多锚信息

图 13-2 的纵轴为品牌的信息量或品牌的价值，用于表示该曲线的函数就称为品牌价值函数或品牌信息量函数。这一函数式中包括了对品牌量的基本度量公式，同时也包括品牌时效性函数。

一个由零开始创建的品牌，还没有美誉度，重复率也为 0，此时衰减函数是最大值。随着美誉度、忠诚度的形成，平均重复率也逐渐稳定，$N(E)$ 函数的图像也逐渐清晰。如下解释通过图像推导品牌信息衰减函数的过程。

令：间隔期趋近于0。拟合品牌信息重复信息折线为多镒曲线。品牌信息不再是一则信息沿着一条固定规律的折线，而是一个受到各种因素干扰的多镒记忆衰减曲线，该曲线的斜率就是衰减函数。

多镒曲线是复杂记忆的一种，是一种信息量留存在多重干扰项作用下的复合函数曲线，说明品牌衰减率本身也是一个动态的函数，它反映该品牌的信息质量，拟合优度与维系这个质量的重复率有关。品牌信息的质量是由品牌美誉度和单条信息的衰减率决定的，为此，品牌多镒曲线的函数表达式为式（13-1）。

$$y = f[a_x, N(x)] \quad (n \to +\infty, \ t_0 \to 0) \tag{13-1}$$

多镒曲线的导数即为品牌信息的衰减率，则：

$$N(x) = y' = f'[a_x, N(x)] \tag{13-2}$$

推导 $N(x)$ 步骤如下：

$$\int_0^{+\infty} N(x)\,dx = f[a_x, N(x)] \tag{13-3}$$

$$\left(1 - \frac{\partial f}{\partial a_x}\right) N(x) = a_x \frac{\partial f}{\partial N(x)} \tag{13-4}$$

$$N(x) \times \partial x = \frac{\partial f \cdot a_x}{1 - \frac{\partial f}{\partial a_x}} \tag{13-5}$$

$$\int_0^{+\infty} N(x) \times dx = \int_0^{+\infty} \frac{\partial f \cdot a_x}{1 - \frac{\partial f}{\partial a_x}}\,dx \tag{13-6}$$

$$N(x) = \left[\int_0^{+\infty} \frac{\partial f \cdot a_x}{1 - \frac{\partial f}{\partial a_x}}\,dx \right]' \tag{13-7}$$

13.2.2 品牌时效性函数的推导

品牌时效性反映了品牌具有与时间序列有关的动态特性，一个品牌即使所有因素都不变，在不同时间节点上的品牌价值也是不同的。这一时效性至少由三个要素共同组成：一是品牌固有的信息衰减率，二是品牌忠诚度，三是时间序列。

品牌衰减规律是"品牌本质是信息"的直接体现。品牌忠诚度在品牌价值度量框架中的位置既不是改变品牌信息的量，也不是改变品牌信息的单价，而是作用于品牌信息时效性函数当中。品牌信息自然衰减是随着时间推移而发生的，品牌忠诚对这一信息衰减过程起到阻滞与减缓的作用。

对品牌信息的时效性函数推导是通过品牌衰减规律与品牌忠诚度的关系予以论证和推导的。按照上述变量对品牌的作用和艾宾浩斯衰减函数的结构，构建三者与时效性的关系，建立一个时效性与时间、衰减系数、忠诚度有关的函数。

在品牌价值度量框架里设有一个与时间序列有关的时效性函数 T_L，取值（0，1]，其中用到了衰减率函数、忠诚度和时间三个参系数，得到：

$$T_L = T[N(x), L, T] \tag{13-8}$$

T_L 趋近于 0 时，意味着该品牌信息对消费者几乎没有什么影响。

T_L 在（0，1）时，意味着信息按照其固定的衰减率随时间衰减。

$T_L = 1$ 时，意味着所有的消费者都是品牌忠诚者，品牌不随时间衰减。

衰减函数的倒数为衰减率，加之时间序列的指数函数为品牌信息的时效性 T_L，衰减函数与忠诚度的差值是品牌忠诚度起作用后的实际衰减函数，如式（13-9）所示：

$$T_L = \left[\frac{1}{N(x) - L}\right]^T \tag{13-9}$$

$T_L \sim$ 品牌信息的时效性。

$T \sim$ 时间序列或期数。

$N(x) \sim$ 与品牌信息的衰减函数。

$L \sim$ 消费者的忠诚度。

该函数符合艾宾浩斯衰减规律，随着时间的延伸，T_L 趋近于 0，使得品牌信息量趋近信息留存最小的固定值。$N(x)$ 是一个决定品牌信息衰减速度的函数，L 是阻滞其衰减的作用。二者与时间序列共同构成一个函数，决定了品牌信息的多锚信息曲线规律。

忠诚度越高，$N(x) - L$ 的值越小。如 $N(x) = 2$，忠诚度 100%

时，$N(x) - L = 1$，$T_L = 1$，即没有衰减。为此，可以预见衰减函数 $N(x)$ 的最小值应该是 2。

13.3 基于品牌时效性公式的广告间隔期与投放密度的测算

假设：某品牌现具有的总信息量为 Ω，意指该品牌具有了确定的市场影响力或品牌价值，若不做任何与品牌信息有关的工作，该品牌将按照它固有的衰减率 $\dfrac{1}{N(x)}$ 逐渐丧失影响力。内容和传播渠道相同的广告可以视为等量的信息，每一则广告都包含等量 δ 的信息量，在传播中无差异。当品牌信息的衰减至 $\Omega - \delta$ 时，等量的品牌信息传播活动可以使品牌信息总量恢复至原来 Ω 的水平，这两次信息之间的时间间隔就是两次等量信息的间隔期。

重复地增加广告最有效的间隔就是当品牌衰减至 $\Omega - \delta$ 时，品牌对消费者的影响力恢复原有水平。由品牌确定的 Ω、δ，可以精确地推算出这一间隔周期 t_0。t_0 的最大值是维护品牌影响力（品牌信息量）的最小成本，是品牌信息有效作用的间隔上限，小于 Δt 的间隔期称为广告的有效间隔期。如要品牌影响力（品牌信息量）增加，就得使投放广告信息的间隔期小于最大间隔期。

由此可以推导出两次等量信息的间隔期：

令：某品牌的信息总量在 $t = 0$ 时为 Ω；品牌信息传播活动中，每次同样的品牌信息的信息量相等，为固定值 δ。

假设：δ 不受递减效应的影响。衰减曲线的品牌信息量函数表达式：

$$Y = \left[\frac{1}{N(x)}\right]^{T} \times \Omega \qquad (13-10)$$

当 $Y = \Omega - \delta$ 时，t 的位置即为重复信息的位置，推导过程如下：

$$\Omega - \sigma = \left[\frac{1}{N(x)}\right]^{T} \times \Omega$$

$$\left[1-\left(\frac{1}{N(E)}\right)^{T}\right]=\frac{\sigma}{\Omega}$$

整理后，得：

$$t_0 = \frac{\log_2\left(1-\dfrac{\sigma}{\Omega}\right)}{\log_2 N(x)} \qquad\qquad (13-11)$$

推导过程如图 13 - 3 所示。

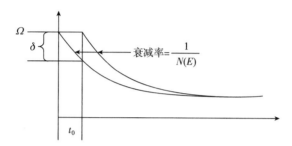

图 13 - 3 $x = E$ 条件下的两次等量信息的有效间隔期

广告投放密度的是单位时间与间隔期的比值，即：

$$M_0 = \frac{1}{t_0} = \frac{\log_2 N(x)}{\log_2\left(1-\dfrac{\sigma}{\Omega}\right)} \qquad\qquad (13-12)$$

再由对品牌忠诚度作用和位置的分析，当品牌忠诚度不为零时，衰减曲线发生变化，衰减率变成 $\dfrac{1}{N(x)-L}$，品牌信息的衰减变缓，间隔期长度增加。推导过程如图 13 -4 所示。

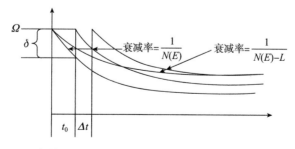

图 13 - 4 $x = E$ 条件下的忠诚度不为 0 时两次等量信息重复的有效间隔变化

由图 13 - 4 可以看出，忠诚度 L 的出现，降低了品牌信息的衰减率，使得曲线向上移动，在等量信息 δ 的支持下，t_0 增加为 $t_0 + \Delta t$。增加了的品牌有效期使得广告信息的集中度减小，从而降低了维护品牌的成本。

品牌信息的增加和衰减是多重因素共同作用的结果，又是高度重复发生的信息活动。通过品牌信息衰减曲线和计算公式可以从时间间隔的长度找出品牌量的差异或变化，反之亦然，通过品牌量的变化或差异也可以推算出时间间隔增加的 Δt。

$$\Delta t = \frac{\log_2\left(1 - \dfrac{\sigma}{\Omega}\right)}{\log_2\left[\,N(E) - L\,\right]} - \frac{\log_2\left(1 - \dfrac{\sigma}{\Omega}\right)}{\log_2\left[\,N(E)\,\right]} \qquad (13 - 13)$$

将 $L = \dfrac{1}{Q \times d\%} \displaystyle\sum_{i=1}^{n} \dfrac{q_i \times F_i}{E_i} \times 100\%$ 代入式（13 - 13）后，Δt 可表示为式（13 - 14）。

$$\Delta t = \frac{\log_2\left(1 - \dfrac{\sigma}{\Omega}\right)}{\log_2\left[\,N(x) - L\,\right]} - \frac{\log_2\left(1 - \dfrac{\sigma}{\Omega}\right)}{\log_2\left[\,N(x)\,\right]} \qquad (13 - 14)$$

Δt ~ 间隔期增量。

q_i ~ 样本 E_i 代表的消费者类型人数。

Q ~ 消费者总人数。

$d\%$ ~ 知名度。

F_i ~ E_1 样本中，符合品牌忠诚者条件的消费者人数。

$N(x)$ ~ 与品牌信息的衰减函数。

Ω ~ 某品牌现具有的总信息量。

δ ~ 每一则品牌信息（广告）包含的等量信息。

$$M_1 = \frac{1}{t_0 + \Delta t} = \cfrac{1}{\dfrac{\log_2\left(1 - \dfrac{\sigma}{\Omega}\right)}{\log_2 N(x)} + \dfrac{\log_2\left(1 - \dfrac{\sigma}{\Omega}\right)}{\log_2\left[\,N(x) - L\,\right]} - \dfrac{\log_2\left(1 - \dfrac{\sigma}{\Omega}\right)}{\log_2\left[\,N(x)\,\right]}} \qquad (13 - 15)$$

$$\Delta M = M_0 - M_1 = \frac{1}{t_0} - \frac{1}{t_0 + \Delta t}$$

$$= \frac{\log_2\left(1 - \frac{\sigma}{\Omega}\right)}{\log_2 N(x)} - \frac{1}{\dfrac{\log_2\left(1 - \frac{\sigma}{\Omega}\right)}{\log_2 N(x)} + \dfrac{\log_2\left(1 - \frac{\sigma}{\Omega}\right)}{\log_2 [N(x) - L]} - \dfrac{\log_2\left(1 - \frac{\sigma}{\Omega}\right)}{\log_2 [N(x)]}}$$

$$(13-16)$$

13.4 实证试算

以某公司的品牌"某某"的数据,对该公司的广告策略进行调整。

(1) 某品牌的基础数据。

通过在深圳的样本调研,获得了 2015 年 3 月某品牌的基础数据,包括知名度、认知度、美誉度和忠诚度,如表 13-1 所示。

表 13-1 某品牌的基础数据

地点	2015 年 3 月	人口数 (万人)	知名度 (%)	认知度 (%)	美誉度 (%)	忠诚度 (%)	品牌信息量估值 (万·比特)
深圳	城市总人口	1035.7900	20.53	11.62	20.18	9.16	338.187806
	目标消费者	337.2040	31.52	16.71	29.59	11.19	194.80483

注:2015 年 3 月调研数据。

(2) 间隔期及投放密度的计算。

经过测算,2015 年 3 月,该品牌的确定参数如下:

1) 在深圳的消费者总人数为 10357900 人。

2) 符合品牌忠诚者条件的消费者人数为 3372040 人。

3) 知名度为 20.53%。

4) 品牌信息的衰减函数值为 1.822。

5) 时效性函数值为（0.5587）^{T}。

6) 品牌具有的总信息量为3381878.06比特。

7) 一则电视广告平均受众为77535人。

8) 广告每一则品牌信息（广告）包含的平均等量信息为5715比特。

得出：单位时间为一天的实际间隔期计算为2.2小时，而最大间隔期计算应该为9.32小时。

实际广告投入密度为：10.9次/日，最小密度为：2.575次/日。

（3）广告投放密度分析及建议。

运算结果确定该品牌在单位时间为一天的最大间隔期是9.32小时，单位时间为一天的广告投放密度为2.575次/日，在实际经营中，魅力曲线公司每天的投放平均密度高达11次/日，远远高于最小密度，而对比2015年3月与4月的基础数据变化，信息总量的变化并不明显，较高的投放频次使得品牌的有效到达率很高，但边际效应降低得非常明显，建议企业调整广告投放密度为3次/日，在维系品牌信息不衰减或略有增加的情况下，减少广告成本至最小值。

（4）实施效果及评价。

该品牌运营商在2015年5月调整投放密度为5次/日，实施一个月后，2015年6月在深圳再进行样本调研，结果如表13-2所示。

表13-2 某品牌的基础数据

地点	2015年6月	人口数（万人）	知名度（%）	认知度（%）	美誉度（%）	忠诚度（%）	品牌信息量估值（万·比特）
深圳	城市总人口	1035.7900	21.87	10.13	25.42	8.71	344.48777
	目标消费者	337.2040	33.75	18.47	33.58	10.29	200.29463

资料来源：2015年6月调研数据。

与2015年3月未调整前的基础数据比较，知名度和美誉度都有一定的增加，忠诚度和认知度略有下降，说明知晓该品牌的消费者数目继续增加，而广告的减少确实使得消费者对该品牌的认知程度下降，美誉度提高是由于使用该品牌产品的消费者增加，同时对该品牌的自传播数目增加，只有一部分消费者没有形成消费偏好，未能使得品牌忠诚者数目随美誉度增加而增加。

但该品牌的信息总量不但没有下降，还略有增加，说明本次广告投放密度的下降并没有使得品牌的综合影响力下降。总体看，广告调整策略降低了55.04%的广告费用，并没有使得广告效果下降。

14. 某行业的品牌影响力排序方法

品牌具有的信息量大小就是市场影响力的大小，是降低消费者在交易中不确定性的多少，对品牌市场影响力的排序就是对其包含的信息量排序。

如下以女装行业 2014 年调研的 20 个品牌排序为例，介绍品牌市场影响力度排序方法。

14.1 参数取值说明

根据中华全国商业信息中心的统计（2014），2013 年 1～12 月全国重点大型零售企业女装销售前 10 位品牌市场综合占有率合计达到 25.3%。国内的女装市场的消费调查显示：73.1% 的女装终端销售通过品牌进行。相对于众多没有品牌的企业，市场份额超过 0.5% 以上的品牌厂商有 34 家。总体看，该行业市场化程度高，发展阶段成熟，竞争非常激烈，处于垄断竞争市场格局。

（1）N_z 值按照品牌数目取值，全国市场销售占到 0.5% 以上的品牌为 34 个，对照 N_z 取值表 $N_{34} = 1.0584$。

（2）中国 18～35 岁女装消费者每年平均购买服装的次数约为 7.5 次。

（3）女装行业品牌平均美誉度为 17.36%。

（4）女装行业的 R_{max} 为 6.042 比特。

14.2　排序对象及其基础指标

本次排序所涉及的女装品牌：例外、红袖、歌力思、歌莉娅、江南布衣、Jessica、太平鸟、淑女屋、影儿、欧时力、雅莹、优美世界、秋水伊人、千百惠、玛丝菲尔、鄂尔多斯、纳尔斯、朗资、太和、白领，共计 20 个（见表 14 - 1）。

表 14 - 1　中国女装行业品牌基础指标汇总（知名度降序排列）

品牌	知名度 f_1（%）	认知度 f_2（%）	美誉度 f_3（%）	价格调整系数 μ
鄂尔多斯	70.10	33.38	21.32	1.013
秋水伊人	51.40	24.78	17.21	0.9995
太平鸟	50.12	22.48	32.43	1.0505
淑女屋	32.60	15.59	24.51	1.0237
歌莉娅	30.05	14.12	19.03	1.0055
千百惠	27.16	10.17	26.33	1.0298
江南布衣	24.28	11.64	13.82	0.9885
欧时力	22.04	8.92	17.95	1.0019
红袖	19.93	8.94	18.87	1.0049
Jessica	12.42	4.91	40.78	1.0796
雅莹	10.66	4.45	13.27	0.9867
影儿	10.27	4.51	13.24	0.9866
纳尔斯	7.93	2.36	3.77	0.9565
白领	7.32	2.27	2.11	0.9514
歌力思	7.00	3.09	8.67	0.9720
玛丝菲尔	6.21	2.10	18.8	1.0047
例外	6.07	3.04	10.44	0.9776
朗资	5.12	2.01	6.91	0.9664
优美世界	3.36	1.29	3.28	0.9550
太和	2.94	1.03	1.74	0.9502

14.3 基础指标的合并及品牌信息总量的计算过程

表 14 - 2 是按照品牌信息量计算公式，对表 14 - 1 中 20 个品牌的 $f1$、$f2$、$f3$、μ 指标进行的合并计算过程，计算过程的结果就是该品牌所包含的信息总量（见表 14 - 2）。

表 14 - 2　中国女装行业品牌的信息量计算　单位：万·比特

序号	品牌名称	计算过程
1	鄂尔多斯	$(132344.72 \times 0.701 + 132344.72 \times 0.701 \times 0.3338 \times 5.042) \times 1.0130$ $= 252149.39361$
2	秋水伊人	$(132344.72 \times 0.514 + 132344.72 \times 0.514 \times 0.2478 \times 5.042) \times 0.9995$ $= 152941.34625$
3	太平鸟	$(132344.72 \times 0.5012 + 132344.72 \times 0.5012 \times 0.2248 \times 5.042) \times 1.0505$ $= 148660.86404$
4	淑女屋	$(132344.72 \times 0.326 + 132344.72 \times 0.326 \times 0.1559 \times 5.042) \times 1.0237$ $= 78880.51429$
5	歌莉娅	$(132344.72 \times 0.3005 + 132344.72 \times 0.3005 \times 0.1412 \times 5.042) \times 1.0055$ $= 68455.51912$
6	千百惠	$(132344.72 \times 0.2716 + 132344.72 \times 0.2716 \times 0.1017 \times 5.042) \times 1.0298$ $= 55994.63049$
7	江南布衣	$(132344.72 \times 0.2428 + 132344.72 \times 0.2428 \times 0.1164 \times 5.042) \times 0.9885$ $= 50405.19230$
8	欧时力	$(132344.72 \times 0.2204 + 132344.72 \times 0.2204 \times 0.0892 \times 5.042) \times 1.0019$ $= 42368.97934$

续表

序号	品牌名称	计算过程
9	红袖	（132344.72 × 0.1993 + 132344.72 × 0.1993 × 0.0894 × 5.042）× 1.0049 = 38454.92912
10	Jessica	（132344.72 × 0.1242 + 132344.72 × 0.1242 × 0.0491 × 5.042）× 1.0796 = 22138.33608
11	雅莹	（132344.72 × 0.1066 + 132344.72 × 0.1066 × 0.0445 × 5.042）× 0.9867 = 17043.88800
12	影儿	（132344.72 × 0.1027 + 132344.72 × 0.1027 × 0.0451 × 5.042）× 0.9866 = 16459.28838
13	纳尔斯	（132344.72 × 0.0793 + 132344.72 × 0.0793 × 0.0236 × 5.042）× 0.9565 = 11233.36187
14	白领	（132344.72 × 0.0732 + 132344.72 × 0.0732 × 0.0227 × 5.042）× 0.9514 = 10271.30952
15	歌力思	（132344.72 × 0.07 + 132344.72 × 0.07 × 0.0309 × 5.042）× 0.9720 = 10407.52369
16	玛丝菲尔	（132344.72 × 0.0621 + 132344.72 × 0.0621 × 0.0210 × 5.042）× 1.0047 = 9131.70126
17	例外	（132344.72 × 0.07 + 132344.72 × 0.07 × 0.0309 × 5.042）× 0.9720 = 10407.52369
18	朗资	（132344.72 × 0.0512 + 132344.72 × 0.0512 × 0.0201 × 5.042）× 0.9664 = 7212.09558
19	优美世界	（132344.72 × 0.0336 + 132344.72 × 0.0336 × 0.0129 × 5.042）× 0.9550 = 4522.93202
20	太和	（132344.72 × 0.0294 + 132344.72 × 0.0294 × 0.0103 × 5.042）× 0.9502 = 3889.22166

14.4 排序结果

依据上述的计算结果，中国 20 个女装品牌的排序如表 14 - 3 所示。该品牌排序是依据品牌信息量的大小自上而下排序，既可以称为品牌影响力的排行，也可以称为品牌价值的排名。

表 14 - 3　中国女装行业品牌排行表（品牌信息总量降序排列）

排名序列	品牌	品牌信息总量（比特）	多属性决策综合值	品牌价值（亿元）
1	鄂尔多斯	2521493936.1	1.0000	303.2600
2	秋水伊人	1529413462.5	0.6066	183.9425
3	太平鸟	1486608640.4	0.5896	178.7944
4	淑女屋	788805142.9	0.3128	94.8696
5	歌莉娅	684555191.2	0.2715	82.3314
6	千百惠	559946304.9	0.2221	67.3447
7	江南布衣	504051923.0	0.1999	60.6223
8	欧时力	423689793.4	0.1680	50.9572
9	红袖	384549291.2	0.1525	46.2497
10	Jessica	221383360.8	0.0878	26.6258
11	雅莹	170438880.0	0.0676	20.4987
12	影儿	164592883.8	0.0653	19.7956
13	纳尔斯	112333618.7	0.0446	13.5104
14	歌力思	104075236.9	0.0413	12.5171
15	白领	102713095.2	0.0407	12.3533
16	例外	104075236.9	0.0359	10.8933
17	玛丝菲尔	91317012.6	0.0362	10.9827
18	朗姿	72120955.8	0.0286	8.6740
19	优美世界	45229320.2	0.0179	5.4397
20	太和	38892216.6	0.0154	4.6776

14.5 对计算和排序结果的解释

（1）排序方法的有效性。

运用多属性决策理论的品牌排序方法，能够确定鄂尔多斯品牌是这20个品牌当中影响力最大、价值最高的品牌。在其他排名和评价中，鄂尔多斯也是中国纺织服装行业第一品牌，以303.26亿元的品牌价值连续十几年位居中国最有价值品牌前列。对照基于多属性决策的品牌信息量评估结果和企业自行评估的结果，两者是一致的，验证了这一排序方法是有效的。

（2）其他排序结果（综合值排序和品牌价值排序）。

如以鄂尔多斯的品牌信息量为基数1.0000，其他品牌的多属性决策综合值也能够形成，见第四列；如以鄂尔多斯303.26亿元的品牌价值为基数，其他品牌的品牌价值排行也能形成，见第五列。品牌信息的价格是比较容易获得的，如在餐饮行业中高盛出资30亿元收购小肥羊品牌，30亿元就是小肥羊品牌此时的品牌价格，如有小肥羊品牌的信息总量，两者之比即为餐饮行业品牌信息的单位价格，据此，即可对该行业所有品牌进行定价。

（3）该排行精确比较了指标值非常接近的品牌间的差距。

如：秋水伊人和太平鸟品牌，两者的基础指标相差很小，综合值分别是0.6066和0.5896。秋水伊人品牌的知名度和认知度略高于太平鸟品牌，而太平鸟品牌的美誉度又高于秋水伊人，很难通过权重方法或定性分析得出结论。而通过属性的转化，两者在品牌信息量上的细小差别就能够准确地计算出来，信息总量仅仅差2.9%，做出了秋水伊人品牌的价值略大于太平鸟品牌的结论（见表14-4）。

表14-4 秋水伊人品牌与太平鸟品牌比较

品牌	知名度（%）	认知度（%）	美誉度（%）	价格调整系数 μ	多属性决策综合值	品牌信息总量（比特）
秋水伊人	51.40	24.78	17.21	0.9995	0.6066	1529413462.5
太平鸟	50.12	22.48	32.43	1.0505	0.5896	1486608640.4

（4）指标不同的品牌可以达到价值相同。

再如玛丝菲尔品牌与例外品牌的比较，两者知名度几乎相当。例外品牌的认知度高于玛丝菲尔 44.76%，玛丝菲尔的美誉度又高于例外80%，指标显著不同说明这两个品牌追求的目标和发展路径也大不相同。例外品牌显然重视消费者对品牌的深度认知，属于小众发展路径（卞志刚，2013）；而玛丝菲尔更看重品牌的口碑，强调消费者对品牌和产品的赞誉（周姚，2014）。但经过品牌信息量的推算，可知两者的品牌信息总量非常接近，决策综合值仅相差0.0003。表现出在指标并不相同的情况下，两个品牌能够达到同样的效果（见表14-5）。

这一例证说明：获得相同的品牌资产价值的品牌并不一定要相同的指标，通过不同途径形成的品牌状态对消费者的影响力可以是相同的。所以，品牌管理应该强调创新，而不是对标管理。

表14-5 玛丝菲尔品牌与例外品牌比较

品牌	知名度（%）	认知度（%）	美誉度（%）	价格调整系数 μ	多属性决策综合值	品牌信息总量（比特）
玛丝菲尔	6.21	2.10	18.80	1.0047	0.0362	91317012.6
例外	6.07	3.04	10.44	0.9776	0.0359	104075236.9

15. 品牌质量与成长性的择优方法

15.1 品牌质量的择优

品牌质量是描述品牌现状的综合评价，品牌之间不做比较和排序，只针对一个品牌的状况是否符合质量优良的标准，因此，品牌质量的择优只需要安排择优标准即可。

15.1.1 品牌质量优良的评价标准

品牌质量的优良程度和所在行业竞争程度有关，所以各个行业对品牌质量优良的标准应该是不一样的，本书给出品牌质量优良的最低标准，仅限于对不同行业标准的参考，不作为具体行业的评价使用。

一个品牌质量可以称为优良至少要达到如下 7 个最低标准：

（1）知名度达到 5% 以上。

（2）认知度不低于知名度的 1/3。

（3）美誉度高于 5% 以上。

（4）美誉度和忠诚度的比值处于（0.25，2.5）。

（5）目标消费者指标全部大于大众指标。

（6）质量比 0.05 以上。

（7）稳定性指标与美誉度之积大于 0.5 以上。

如上条件均达到的品牌，基本可以称为品牌质量处于优良状态。具体到每一个行业的品牌质量优良标准，有待继续研究。

15.1.2 品牌质量优良的择优案例

如下以淑女屋品牌的数据为案例对象，评价其是否符合质量优良品牌的标准（见表 15 - 1）。

（1）基础数据。

表 15 - 1 淑女屋品牌 2014 年基础数据汇总

淑女屋	知名度（%）	认知度（%）	美誉度（%）	忠诚度（%）	品牌信息质量比值	品牌稳定性	美誉度与稳定性指数之积
全国大众指标	32.60	15.59	24.51	7.30	0.13	11.96	2.93
目标消费者	44.68	18.99	31.95	12.64			

（2）对该品牌比照标准进行评价。

该品牌的知名度为 32.6%，达到 5% 以上；认知度与知名度比例为 0.4882，高于 1/3；美誉度为 24.51%，高于 5% 以上；忠诚度为 7.3% 与美誉度为 24.51% 的比值为 0.2978，处于（0.25，2.5）；该品牌的目标消费者指标全部大于大众指标；该品牌的质量为 0.13，大于 0.05；该品牌的稳定性指标与美誉度之积为 2.93，大于 0.5 以上。

（3）评价结论。

该品牌符合质量优良的标准，可以择优为质量优良的品牌。

15.2 品牌成长性择优

品牌成长性是品牌向好向强的发展趋势，是具有发展潜力的标志，对品牌进行成长性择优是对品牌进行综合评价的一个重要方面。

15.2.1 成长性择优的必要条件

品牌的成长性除品牌本身的质量和发展趋势外，还受制于所在行业的不同，行业的发展潜力和状况也深刻影响品牌的成长。所以，各个行业的品牌在成长性问题上不具有可比性，成长性择优活动不必排序，仅仅为成长性择优评价即可。如下，即品牌成长性择优需要遵循的必要条件。

最具成长性选择标准有 5 条：

（1）观察品牌所处的发展周期的位置，成长性最好的品牌应该是处于成长后期向成熟期过渡期的品牌。

（2）质量比值应该在（0.0749，0.620）区间以内。

（3）品牌的知名度应达到 5% 以上，认知度与知名度比例应高于 1/3。

（4）美誉度应处于（2.72%，33%）区间内，在此区间内越接近上限越好。

（5）目标消费者指标全部大于大众指标。

15.2.2 品牌成长性的择优案例

如下以特步品牌的数据为案例对象，评价其是否符合成长性优良的标准（见表 15 - 2）。

（1）基础数据。

表 15 - 2　2014～2015 年特步品牌基础数据

特步	知名度（%）	认知度（%）	美誉度（%）	忠诚度（%）	品牌信息质量比值	品牌稳定性
2014 年	73.68	34.86	30.58	24.30	0.1334	11.93
2015 年	65.73	33.24	31.17	28.06	0.1967	11.96

（2）对该品牌比照标准进行评价。

观察该品牌所处的发展周期的位置，是处于成长性最好阶段。两年的质量比值均在（0.0749，0.620）以内，品牌的知名度远高于基本要求的5%以上；认知度与知名度比例两年从0.4731到0.5057，均高于1/3，趋于优化；美誉度应处于（2.72%，33%），接近上限，目标消费者的各项指标全部大于大众指标。

（3）评价结论。

该品牌符合成长性优良的标准，可以择优为具有成长性的品牌。

附录1 品牌延伸的行业折算
Z_j 系数表（部分）

延伸 方向	奶业	肉制品 加工业	服装业	儿童玩具 制造业	家用电器 行业	汽车制 造业	物流业
奶业	行业内延伸 $Z_j = 1$	肉制品加工业 向奶业延伸 $Z_j = 0.1399$	服装业向奶业 延伸 $Z_j = 0.1025$	儿童玩具制造 业向奶业延伸 $Z_j = 0.2257$	家用电器行业 向奶业延伸 $Z_j = 0.0103$	汽车制造业向 奶业延伸 $Z_j = 0.0025$	物流业向 奶业延伸 $Z_j = 0.0071$
肉制 品加 工业	奶业向肉制品 加工业延伸 $Z_j = 0.9491$	行业内延伸 $Z_j = 1$	服装业向肉制 品加工业延伸 （略）	儿童玩具制造 业向肉制品加 工业延伸 （略）	家用电器行业 向肉制品加工 业延伸 （略）	汽车制造业向 肉制品加工业 延伸 （略）	物流业向 肉制品加 工业延伸 （略）
服装 业	奶业向服装业 延伸 $Z_j = 0.7219$	肉制品加工业 向服装业延伸 （略）	行业内延伸 $Z_j = 1$	儿童玩具制造 业向服装业延 伸（略）	家用电器行业 向服装业延伸 （略）	汽车制造业向 服装业延伸 （略）	物流业向 服装业 延伸 （略）
儿童 玩具 制造 业	奶业向儿童玩 具制造业延伸 $Z_j = 0.8144$	肉制品加工业 向儿童玩具制 造业延伸 （略）	服装业向儿童 玩具制造业 延伸 （略）	行业内延伸 $Z_j = 1$	家用电器行业 向儿童玩具制 造业延伸 （略）	汽车制造业向 儿童玩具制造 业延伸 （略）	物流业向 儿童玩具 制造业 延伸 （略）

续表

延伸方向	奶业	肉制品加工业	服装业	儿童玩具制造业	家用电器行业	汽车制造业	物流业
家用电器行业	奶业向家用电器行业延伸 $Z_j = 0.1151$	肉制品加工业向家用电器行业延伸（略）	服装业向家用电器行业延伸（略）	儿童玩具制造业向家用电器行业延伸（略）	行业内延伸 $Z_j = 1$	汽车制造业向家用电器行业延伸（略）	物流业向家用电器行业延伸（略）
汽车制造业	奶业向汽车制造业延伸 $Z_j = 0.0574$	肉制品加工业向汽车制造业延伸（略）	服装业向汽车制造业延伸（略）	儿童玩具制造业向汽车制造业延伸（略）	家用电器行业向汽车制造业延伸（略）	行业内延伸 $Z_j = 1$	物流业向汽车制造业延伸（略）
物流业	奶业向物流业延伸 $Z_j = 0.3932$	肉制品加工业向物流业延伸（略）	服装业向物流业延伸（略）	儿童玩具制造业向物流业延伸（略）	家用电器行业向物流业延伸（略）	汽车制造业向物流业延伸（略）	行业内延伸 $Z_j = 1$

附录 2　变频系数表

消费者对该品牌所在行业的关注度逐渐下降 →

媒体对企业的关注程度逐渐增强 →

消费者对该品牌所在行业的关注度										
0	$(0,0)$ $\frac{\alpha_1-\alpha}{\bar{\alpha}}$ 1.62 0	$(0,1)$ $\frac{\alpha_1-\alpha}{\bar{\alpha}}$ 1.62 0.107	$(0,2)$ $\frac{\alpha_1-\alpha}{\bar{\alpha}}$ 1.62 0.998	$(0,3)$ $\frac{\alpha_1-\alpha}{\bar{\alpha}}$ 1.62 3.522	$(0,4)$ $\frac{\alpha_1-\alpha}{\bar{\alpha}}$ 1.62 11.271	$(0,5)$ $\frac{\alpha_1-\alpha}{\bar{\alpha}}$ 1.62 12.491	$(0,6)$ $\frac{\alpha_1-\alpha}{\bar{\alpha}}$ 1.62 19.923	$(0,7)$ $\frac{\alpha_1-\alpha}{\bar{\alpha}}$ 1.62 20.601	$(0,8)$ $\frac{\alpha_1-\alpha}{\bar{\alpha}}$ 1.62 22.802	$(0,9)$ $\frac{\alpha_1-\alpha}{\bar{\alpha}}$ 1.62 29.225
1	$(1,0)$ $\frac{\alpha_1-\alpha}{\bar{\alpha}}$ 1.62 0.119	$(1,1)$ $\frac{\alpha_1-\alpha}{\bar{\alpha}}$ 1.62 1.313	$(1,2)$ $\frac{\alpha_1-\alpha}{\bar{\alpha}}$ 1.62 （略）	$(1,3)$ $\frac{\alpha_1-\alpha}{\bar{\alpha}}$ 1.62 （略）	$(1,4)$ $\frac{\alpha_1-\alpha}{\bar{\alpha}}$ 1.62 （略）	$(1,5)$ $\frac{\alpha_1-\alpha}{\bar{\alpha}}$ 1.62 （略）	$(1,6)$ $\frac{\alpha_1-\alpha}{\bar{\alpha}}$ 1.62 （略）	$(1,7)$ $\frac{\alpha_1-\alpha}{\bar{\alpha}}$ 1.62 （略）	$(1,8)$ $\frac{\alpha_1-\alpha}{\bar{\alpha}}$ 1.62 （略）	$(1,9)$ $\frac{\alpha_1-\alpha}{\bar{\alpha}}$ 1.62 36.355

续表

媒体对企业的关注程度逐渐增强 →

消费者对该品牌所在行业的关注度逐渐下降 →

消费者对该品牌所在行业的关注度	(列, 0)	(列, 1)	(列, 2)	(列, 3)	(列, 4)	(列, 5)	(列, 6)	(列, 7)	(列, 8)	(列, 9)
2	$(2, 0)$ $\dfrac{\alpha_1-\bar{\alpha}}{\bar{\alpha}}$ 1.62 1.588	$(2, 1)$ $\dfrac{\alpha_1-\bar{\alpha}}{\bar{\alpha}}$ 1.62 4.547	$(2, 2)$ $\dfrac{\alpha_1-\bar{\alpha}}{\bar{\alpha}}$ 1.62 (略)	$(2, 3)$ $\dfrac{\alpha_1-\bar{\alpha}}{\bar{\alpha}}$ 1.62 (略)	$(2, 4)$ $\dfrac{\alpha_1-\bar{\alpha}}{\bar{\alpha}}$ 1.62 (略)	$(2, 5)$ $\dfrac{\alpha_1-\bar{\alpha}}{\bar{\alpha}}$ 1.62 (略)	$(2, 6)$ $\dfrac{\alpha_1-\bar{\alpha}}{\bar{\alpha}}$ 1.62 (略)	$(2, 7)$ $\dfrac{\alpha_1-\bar{\alpha}}{\bar{\alpha}}$ 1.62 (略)	$(2, 8)$ $\dfrac{\alpha_1-\bar{\alpha}}{\bar{\alpha}}$ 1.62 (略)	$(2, 9)$ $\dfrac{\alpha_1-\bar{\alpha}}{\bar{\alpha}}$ 1.62 41.759
3	$(3, 0)$ $\dfrac{\alpha_1-\bar{\alpha}}{\bar{\alpha}}$ 1.62 4.730	$(3, 1)$ $\dfrac{\alpha_1-\bar{\alpha}}{\bar{\alpha}}$ 1.62 (略)	$(3, 2)$ $\dfrac{\alpha_1-\bar{\alpha}}{\bar{\alpha}}$ 1.62 (略)	$(3, 3)$ $\dfrac{\alpha_1-\bar{\alpha}}{\bar{\alpha}}$ 1.62 (略)	$(3, 4)$ $\dfrac{\alpha_1-\bar{\alpha}}{\bar{\alpha}}$ 1.62 (略)	$(3, 5)$ $\dfrac{\alpha_1-\bar{\alpha}}{\bar{\alpha}}$ 1.62 (略)	$(3, 6)$ $\dfrac{\alpha_1-\bar{\alpha}}{\bar{\alpha}}$ 1.62 (略)	$(3, 7)$ $\dfrac{\alpha_1-\bar{\alpha}}{\bar{\alpha}}$ 1.62 (略)	$(3, 8)$ $\dfrac{\alpha_1-\bar{\alpha}}{\bar{\alpha}}$ 1.62 (略)	$(3, 9)$ $\dfrac{\alpha_1-\bar{\alpha}}{\bar{\alpha}}$ 1.62 44.380
4	$(4, 0)$ $\dfrac{\alpha_1-\bar{\alpha}}{\bar{\alpha}}$ 1.62 15.559	$(4, 1)$ $\dfrac{\alpha_1-\bar{\alpha}}{\bar{\alpha}}$ 1.62 (略)	$(4, 2)$ $\dfrac{\alpha_1-\bar{\alpha}}{\bar{\alpha}}$ 1.62 (略)	$(4, 3)$ $\dfrac{\alpha_1-\bar{\alpha}}{\bar{\alpha}}$ 1.62 (略)	$(4, 4)$ $\dfrac{\alpha_1-\bar{\alpha}}{\bar{\alpha}}$ 1.62 (略)	$(4, 5)$ $\dfrac{\alpha_1-\bar{\alpha}}{\bar{\alpha}}$ 1.62 (略)	$(4, 6)$ $\dfrac{\alpha_1-\bar{\alpha}}{\bar{\alpha}}$ 1.62 (略)	$(4, 7)$ $\dfrac{\alpha_1-\bar{\alpha}}{\bar{\alpha}}$ 1.62 (略)	$(4, 8)$ $\dfrac{\alpha_1-\bar{\alpha}}{\bar{\alpha}}$ 1.62 (略)	$(4, 9)$ $\dfrac{\alpha_1-\bar{\alpha}}{\bar{\alpha}}$ 1.62 59.842
5	$(5, 0)$ $\dfrac{\alpha_1-\bar{\alpha}}{\bar{\alpha}}$ 1.62 21.139	$(5, 1)$ $\dfrac{\alpha_1-\bar{\alpha}}{\bar{\alpha}}$ 1.62 (略)	$(5, 2)$ $\dfrac{\alpha_1-\bar{\alpha}}{\bar{\alpha}}$ 1.62 (略)	$(5, 3)$ $\dfrac{\alpha_1-\bar{\alpha}}{\bar{\alpha}}$ 1.62 (略)	$(5, 4)$ $\dfrac{\alpha_1-\bar{\alpha}}{\bar{\alpha}}$ 1.62 (略)	$(5, 5)$ $\dfrac{\alpha_1-\bar{\alpha}}{\bar{\alpha}}$ 1.62 (略)	$(5, 6)$ $\dfrac{\alpha_1-\bar{\alpha}}{\bar{\alpha}}$ 1.62 (略)	$(5, 7)$ $\dfrac{\alpha_1-\bar{\alpha}}{\bar{\alpha}}$ 1.62 (略)	$(5, 8)$ $\dfrac{\alpha_1-\bar{\alpha}}{\bar{\alpha}}$ 1.62 (略)	$(5, 9)$ $\dfrac{\alpha_1-\bar{\alpha}}{\bar{\alpha}}$ 1.62 65.253

续表

消费者对该品牌所在行业的关注度逐下降 →

媒体对企业的关注程度逐渐增强 ←

消费者对该品牌所在行业的关注度	0	1	2	3	4	5	6	7	8	9
6	(6, 0) $\frac{\alpha_1-\alpha}{\alpha}$ 1.62 31.313	(6, 1) $\frac{\alpha_1-\alpha}{\alpha}$ 1.62 (略)	(6, 2) $\frac{\alpha_1-\alpha}{\alpha}$ 1.62 (略)	(6, 3) $\frac{\alpha_1-\alpha}{\alpha}$ 1.62 (略)	(6, 4) $\frac{\alpha_1-\alpha}{\alpha}$ 1.62 (略)	(6, 5) $\frac{\alpha_1-\alpha}{\alpha}$ 1.62 (略)	(6, 6) $\frac{\alpha_1-\alpha}{\alpha}$ 1.62 (略)	(6, 7) $\frac{\alpha_1-\alpha}{\alpha}$ 1.62 (略)	(6, 8) $\frac{\alpha_1-\alpha}{\alpha}$ 1.62 (略)	(6, 9) $\frac{\alpha_1-\alpha}{\alpha}$ 1.62 76.311
7	(7, 0) $\frac{\alpha_1-\alpha}{\alpha}$ 1.62 36.841	(7, 1) $\frac{\alpha_1-\alpha}{\alpha}$ 1.62 (略)	(7, 2) $\frac{\alpha_1-\alpha}{\alpha}$ 1.62 (略)	(7, 3) $\frac{\alpha_1-\alpha}{\alpha}$ 1.62 (略)	(7, 4) $\frac{\alpha_1-\alpha}{\alpha}$ 1.62 (略)	(7, 5) $\frac{\alpha_1-\alpha}{\alpha}$ 1.62 (略)	(7, 6) $\frac{\alpha_1-\alpha}{\alpha}$ 1.62 (略)	(7, 7) $\frac{\alpha_1-\alpha}{\alpha}$ 1.62 (略)	(7, 8) $\frac{\alpha_1-\alpha}{\alpha}$ 1.62 (略)	(7, 9) $\frac{\alpha_1-\alpha}{\alpha}$ 1.62 81.848
8	(8, 0) $\frac{\alpha_1-\alpha}{\alpha}$ 1.62 39.272	(8, 1) $\frac{\alpha_1-\alpha}{\alpha}$ 1.62 (略)	(8, 2) $\frac{\alpha_1-\alpha}{\alpha}$ 1.62 (略)	(8, 3) $\frac{\alpha_1-\alpha}{\alpha}$ 1.62 (略)	(8, 4) $\frac{\alpha_1-\alpha}{\alpha}$ 1.62 (略)	(8, 5) $\frac{\alpha_1-\alpha}{\alpha}$ 1.62 (略)	(8, 6) $\frac{\alpha_1-\alpha}{\alpha}$ 1.62 (略)	(8, 7) $\frac{\alpha_1-\alpha}{\alpha}$ 1.62 (略)	(8, 8) $\frac{\alpha_1-\alpha}{\alpha}$ 1.62 (略)	(8, 9) $\frac{\alpha_1-\alpha}{\alpha}$ 1.62 94.721
9	(9, 0) $\frac{\alpha_1-\alpha}{\alpha}$ 1.62 41.598	(9, 1) $\frac{\alpha_1-\alpha}{\alpha}$ 1.62 49.883	(9, 2) $\frac{\alpha_1-\alpha}{\alpha}$ 1.62 51.121	(9, 3) $\frac{\alpha_1-\alpha}{\alpha}$ 1.62 55.961	(9, 4) $\frac{\alpha_1-\alpha}{\alpha}$ 1.62 62.490	(9, 5) $\frac{\alpha_1-\alpha}{\alpha}$ 1.62 69.429	(9, 6) $\frac{\alpha_1-\alpha}{\alpha}$ 1.62 75.174	(9, 7) $\frac{\alpha_1-\alpha}{\alpha}$ 1.62 84.856	(9, 8) $\frac{\alpha_1-\alpha}{\alpha}$ 1.62 93.637	(9, 9) $\frac{\alpha_1-\alpha}{\alpha}$ 1.62 100.00
媒体对企业的关注度	0	1	2	3	4	5	6	7	8	9

附录3 品牌价格调整系数底数 N_z 值表（部分）

Z	N_z	拟合优度（R – square）	调整系数函数
2	2	1	$\mu = 2^{\frac{\alpha_1 - \overline{\alpha}}{\overline{\alpha}}}$
3	（略）	（略）	（略）
4	1.881	0.979	$\mu = 1.881^{\frac{\alpha_1 - \overline{\alpha}}{\overline{\alpha}}}$
5	（略）	（略）	（略）
6	1.620	0.964	$\mu = 1.62^{\frac{\alpha_1 - \overline{\alpha}}{\overline{\alpha}}}$
$\vdots$	$\vdots$	$\vdots$	$\vdots$
$Z\to\infty$	1		$\mu = 1$

参考文献

[1] 贝恩特·施密特，张国华．视觉与感受·营销美学[M]．上海：上海交通大学出版社，1999.

[2] 陈烜之．认知心理学[M]．广州：广东高等教育出版社，2006.

[3] 大卫·艾克．管理品牌资产[M]．吴进操译．北京：机械工业出版社，2012.

[4] 大卫·艾格．创建强势品牌[M]．北京：中国劳动社会保障出版社，2004.

[5] 大卫·奥格威．一个广告人的自白[M]．北京：中国物价出版社，2003.7.

[6] 丁夏齐，马谋超，王泳，范春雷．品牌忠诚：概念、测量和相关因素[J]．心理科学进展，2004（12）．

[7] 符国群．消费者行为学（第三版）[M]．北京：高等教育出版社，2015.

[8] 菲利普·科特勒．营销管理[M]．上海：格致出版社，2012.

[9] 凯文·莱恩·凯勒．战略品牌管理[M]．北京：中国人民大学出版社，2009.

[10] 克莱纳，迪尔洛夫．品牌：如何打造品牌的学问[M]．项东译．西安：陕西师范大学出版社，2003.

[11] 克劳德·香农．通讯的数学理论（*The mathematical theory of communication*）[J]．贝尔系统技术月刊，1948（27），379 – 423，623 – 656.

［12］赖泽栋．关于品牌忠诚的定义以及影响品牌忠诚因素的探讨
［J］.内蒙古农业大学学报，2010（1）．

［13］卢盛忠，余凯成．组织行为学：理论与实践，［M］.杭州：浙
江教育出版社，2001.

［14］陆娟．服务忠诚驱动因素研究：综述与构想［J］.经济科学
2005（3）．

［15］吕海平，马瑞，张建生，张倩．品牌信息论［M］.长春：吉林
大学出版社，2009.

［16］裘晓东，赵平．品牌忠诚度及其测评研究．［J］.现代经济，
2002（10）．

［17］沙振权，郜光伟．品牌声誉、品牌满意和品牌忠诚的关系研究
［J］.工业技术经济，2007（10）．

［18］石文典，钟高峰，鲁直．阈下知觉和隐性广告的作用及启动效
应研究，心理科学，2005，28（3）：683－685.

［19］斯科特·戴维斯．品牌资产管理［M］.北京：中国财政经济出
版社，2006.

［20］孙曰瑶，刘华军．品牌经济学原理［M］.北京：经济科学出版
社，2007.

［21］谭勇．品牌传播长期有效性探析——基于艾宾浩斯遗忘曲线和
品牌核心价值［J］.企业经济，2008（6）．

［22］汤姆·邓肯．品牌至尊——利用整合行销创造终极价值［M］.
廖宜怡译．中国台北：美商麦格罗·希尔国际股份有限公司台湾分公
司，1999.

［23］汪同三．中国自主品牌评价报告［M］.北京：社会科学文献出
版社，2018.

［24］王海涛，王润涛．品牌竞争时代［M］.北京：中国言实出版
社，2011.

［25］易非易，任力锋等．学习与记忆模型研究，数理医药学杂志
［J］.1997（2）．

［26］中国资产评估协会．品牌·价值·评估［M］.厦门：厦门大学

出版社，2013.

[27] 周建波. 信息过度结构机理与品牌信息原理[J]. 管理学报，2009（3）.

[28] 周云. 品牌诊断学——品牌经营数据的指标结构研究及品牌定量分析理论[M]. 北京：机械工业出版社，2016.

[29] 周云，花涛等. 中国连锁品牌发展质量报告（2014）[M]. 北京：中国农业出版社，2015.

[30] 周云，花涛等. 中国连锁品牌发展质量报告（2015）[M]. 北京：中国轻工出版社，2016.

[31] 周云，花涛等. 中国连锁品牌发展质量报告（2016）[M]. 北京：中国轻工出版社，2017.

[32] 周云. 品牌学——原理与实务（第二版）[M]. 北京：北京交通大学出版社，2009.

[33] 周云. 基于品牌信息本论的品牌度量思想与框架研究[J]. 经济问题，2013（9）.

[34] 周云. 品牌学——知识体系与管理实务[M]. 北京：机械工业出版社，2014.

[35] 周云. 品牌信息本论——品牌信息本质的确定及其量的度量理论[M]. 北京：机械工业出版社，2014.

[36] 周云. 基于多属性决策理论的品牌排序方法实证研究[J]. 中央财经大学学报，2015（9）.

[37] 周云. 品牌忠诚度的测算方法研究[J]. 经济问题，2015（10）.

[38] 周云. 为什么不能用销售额对品牌进行评估[J]. 品质，2014（8）.

[39] 郑思成. 知识产权论（第三版），[M]. 北京：法律出版社，2007.

[40] 祝合良. 战略品牌管理，[M]. 北京：首都经济贸易大学出版社，2013.

[41] 祝合良. 品牌创建与管理，[M]. 北京：首都经济贸易大学出

版社, 2007.

[42] Aaker D. A. Measuring brand equity across products and markets [J]. California Management Review, 1996, 38 (3): 102 – 120.

[43] Bebbett, Rebekah. A comparison of attitudinal loyalty measurement approaches [J]. Journal of Brand Management Jan, 2002, 9 (3): 193 – 197.

[44] Brown, George H. Brand loyalty—fact or fiction? [J]. Advertising Age, 1952, 6 (23): 53 – 55.

[45] Claude Shannon. The mathematical theory of communication bell system technical [J]. Journal, 1948, 1 (27): 379 – 423.

[46] Copeland, Melvin T. Relation of consumers' buying habits to marketing methods [J]. Harvard Business Review, 1923 (3): 282 – 289.

[47] Cunningham, Scott M. Perceived Risk and Brand Loyalty. in D Coxed. Risk Taking and Information Handling in Consumer Behavior [M]. Boston. MA: Harvard University Press, 1967: 507 – 523.

[48] David A. Aaker. Building strong brands [M]. Simon & Schuster US, 1996.

[49] David A. Aaker. Erich joachimsthaler, brand leadership, brand leadership: The next level of the brand revolution [M]. Simon & Schuster US, 2000.

[50] David A. Aaker. Managing brand equity, bucharest, romania [M]. Free Press, 1991.

[51] David Ogilvy. Confessions of an Advertising Man [M]. Ipswich Massachusetts: Atheneum, 1963.

[52] Farley J. U. Brand loyalty and the economics of information [J]. Journal of Business, 1964 (37): 370 – 381.

[53] Fred Palumbo, Pual Herbig. The multicultural context of brand loyalty [J]. European Journal of Innovation Manangement. Bradford: 2000 (3).

[54] Henry Assael, George S. Day. Attitudes and awareness as predic-

tors of market share [J]. Journal of Advertising Research, 1968, 8 (4).

[55] Jacoby J. , David B. Kyner. Brand loyalty vs repeat purchasing behavior [J]. Journal of Marketing Research, 1973 (2).

[56] Jacoby J. Brand loyalty: A conceptual definition. In proceedings of the american psychological association [J]. Washinnton, DC: American Psychological Association, 1971 (6): 655 – 656.

[57] Jean Baudrillard. Le Système Des Objets [M]. Paris: Gallimard, 1963.

[58] Joseph W. Alba, Amitava chattopadhyay, salience effects in brand recall [J]. Journal of Marketing Research, 1986 (33).

[59] Lim, Kui suen, Razzaque, Mohammed, Abdue. Brand Loyalty and Situational Effects: An Integrationist Perspective [J]. Journal of International Consumer Marketing, 1997, 9 (4): 95 – 115.

[60] Luce R. D. , Tukey J. W. S. Imultaneous conjoint measurement: a new type of fundamental measurement [J]. Journal of Mathematical Ps ychology, 1964 (1): 1 – 27.

[61] Mastatsinis N. F. , Samaras A. P. , Brand choice model selection based on consumers Multi – criteria references and experts' knowledge [J]. Computers & Operations Research, 2000 (27): 689 – 707.

[62] Max Blackston. Observations: Building brand equity by managing The brand's relationships [J]. Journal of Advertising Research, 1992.

[63] May Fredricke. The effect of social – class on brand – loyalty [J]. California Management Review, 1971 (14).

[64] Michael E. Porter. Competitive Strategy [M]. The Free Press, 1980.

[65] Michael J. Ryan, Rober Rayner, Andy Morrison. Diagnosing customer loyalty drivers [J]. Marketing Reseach, 1999 (2).

[66] Palto Ranjan Data. The determinants of brand loyalty [J]. Journal of American Academy of Business, 2003 (3).

[67] Philip Kotler. marketing management: analysis, planning, implementation, and Control [M]. Prentice – Hall. Inc. 1967.

［68］ Scott M. , Davis. Brand asset management: driving profitable growth through your brands ［J］. San Francisco, CA, Jossey – Bass, 2002 （2） .

［69］ Spiros Gounaris, Vlasis Stathak Opoulos. Antecedents and consequences of brand loyalty: An Empirical Study ［J］. Journal of brand Management, 2004 （4）: 283 – 299.

［70］ Susan Fournier. Consumersand their brand: developing relationship theory in consumer research ［J］. Journal of Consumer Research, 1998 （24）: 23 – 33.

［71］ Tucker W. T. The Development of brand loyalty ［J］. Journal of Marketing Research, 1964 （3）: 32 – 35.

后 记

品牌定量分析理论的重要性，在于它将品牌管理引入科学的范畴，使品牌的研究具有了形式逻辑和定量化系统分析的可能。尽管现在取得的进展还存在很多不足之处，仍有未知和不确定的领域等待继续研究，我们这一代品牌研究者所做的努力对后人而言，可能仅是开启和铺垫的过程。但我们相信，品牌研究定量化的方向是不会错的，人类对品牌的不懈研究，终会解开品牌难题，揭示它的奥秘。

感谢北方工业大学丁辉校长、经管学院赵继新院长对研究团队的支持，感谢对外经济贸易大学朱明侠教授、首都经济贸易大学祝合良教授的悉心指导，以及品牌学界各位同仁为本书付出的努力。

本书所阐述的结论仍是探索阶段的研究成果，期待各位读者能够联系我们进行深入交流（uibezhouyun@163.com），一起研究，共同进步。

感谢悉心阅读！

周 云

2019 年 5 月于北京毓秀园